E.M.シオラン

生誕の災厄

DE L'INCONVÉNIENT D'ÊTRE NÉ

E.M.CIORAN

紀伊國屋書店

出口裕弘 訳

新装版

生誕の災厄　新装版

E.M.CIORAN

DE L'INCONVÉNIENT D'ÊTRE NÉ

I

午前三時だ。私はいまのこの一秒を聴きとり、つぎにまた別の一秒を聴きとり、毎分のバランスシートを作製する。

どうしてこんな始末になったのだ？——生まれてきたからだ。

ある特殊な様相をした不眠の夜こそが、生誕をめぐる争論に火をつけるのである。

＊

「私がこの世に生を享《う》けて以来——」この以来が、私にはなんとも怖ろしい意味を持つものと見える。あまりにも怖ろしく、ついにはとても承認しがたいものとなるような意味を。

＊

世には、人間の所業から、重みも効力も剝ぎとってしまうような認識力というものがある。この認識力からすれば、みずから以外は一切のものが基底を欠いている。客体を、その観念にいたるまで忌み嫌うほど、この認識力は純一だ。ひとつの行為を敢行するもしないも、所詮は同じことと観ずる極限の知をそれは具現しているのだが、この極限の知にはまた極限の満足感が付随している。つまり、ことあるごとに、人間がいかなる業《わざ》を演じてみせようと、執着に値するものは一つとしてない、なにがしか実質の名残りに恵まれるものはどこにもない、〈実在〉などは狂人の管轄に属するものだ、といってのける満足感である。こんな認識力は、死後ものだといわれても仕方があるまい。つまりこの認識力の行使者は、生者であると同時に死者でもあり、存在者であると同時に存在者の追憶の影でもあるかのようなのだ。自分が遂行するあらゆる事柄について、この認識者は、行為を遂行している最中から、「それはもう過ぎたことだ」という。だから彼の行為は永久に現在を奪われつづけるのである。

*

私たちは死へむかって走り寄りはしない。生誕という破局からも、なんとか目をそむけていようとする。災害生存者というのが私たち人間の実態だが、そのことを忘れようとして七転八倒のありさまだ。死を怖れる心とは、じつは私たちの生存の第一瞬間にまでさかのぼる恐怖を、未来に投影したものにしかすぎない。

たしかに、生誕を災厄と考えるのは不愉快なことだ。生まれることは至上の善であり、最悪事は終末にこそあって、決して生涯の開始点にはないと私たちは教えこまれてきたではないか。だが、真の悪は、私たちの背後にあり、前にあるのではない。これこそキリストが見すごしたこと、仏陀《ブッダ》がみごとに把握してみせたことなのだ。「弟子たちよ、もしこの世に三つのものが存在しなければ、〈完全なるもの〉は世に姿を現さないであろう」とブッダはいった。そして彼は老衰と死との前に、ありとあらゆる病弱・不具のもと、一切の苦難の源として、生まれるという事件を置いたのである。

＊

人間はどんな破壊力を持つ真理にも堪えることができる。その真理が、他の一切のものの代理を務め、交代の相手たる希望に匹敵するだけの活力に充ちていさえすればだ。

＊

私は何もしていない。そのことは承認しよう。だが私は、時間が過ぎゆくのを眺めていい、いる。——時間を埋めようとするのよりは高級なはずである。

＊

無理をしてまで作品などを作る必要はない。ひとりの酔漢、あるいは瀕死の男の耳もとで囁かれるべき、なんらかの言葉を発することだけが肝要なのだ。

＊

人間はどこまで頽落《たいらく》しつつあるか、生誕が哀悼をかきたて、痛恨を呼びさますような民族、部族が、ひとつとして見あたらぬという事実ほど、このことを雄弁に告げるものはない。

＊

遺伝にむかって謀叛を起こすのは、数十億年の歳月に対して、第、、、一番目の細胞に対して謀叛を起こすことである。

＊

歓びという歓びの、果てにではないにせよ少なくとも出発点には、一個の神がある。

＊

即刻のもののなかでは、私はかつて一度もくつろぎを覚えたことがない。私の心を惹くのは、私に時間的に先立つもの、私を現在時から遠ざけてくれるもの、私がまだ存在しなかったときの無数の瞬刻、すなわち、生まれざりし時のみである。

＊

恥辱への生理的な欲求。私は死刑執行人の息子に生まれたかった。

＊

いかなる権利があって、君は私のために祈ろうなどという了見を起こしたのだ？　私は仲立ちなど望んではいない。ひとりでなんとか急場を切り抜けるつもりだ。窮境に落ちた人間の助力なら受け入れもしよう。だが、それ以外のどんな連中のもまっぴら御免だ。たとえ聖者からのものだろうとも。私の救済に他人が嘴《くちばし》を入れるのは我慢がならぬ。もし私が自分の救済を怖れ、避けようとしているのだったらどうする。君の祈りなんて不謹慎のきわみじゃないか！　どうか、ほかでやってくれたまえ。いずれにせよ、君と私とは同じ神々に仕えてはいない。たとえ私の神々が無能な連中だとしても、君のが負けず劣らず無能無力だということは、大いに信ずべき節《ふし》がある。君の神々が、君の考えているとおりの存在だと仮定したところで、なお彼らには、記憶を絶して古いある戦慄的恐怖から、私を癒してくれる力などあるはずもないのだ。

＊

感覚とはまた、なんと惨めなものなのだろう！　エクスタシスそれ自体が、おそらくは、感覚以上のものではない。

＊

もし人間が、あらゆる兆候の指し示すごとく、〈創造者〉と一線を画したいと希うのなら、解体すること、反創造を行うこと、そこにしか引き受けるべき責務はない。

＊

この私の生誕がただのまぐれ当たりであり、笑うべき偶発事件でしかないことを私は知っている。にもかかわらず私は、何ごとかに夢中になると、とたんにまるで自分の出生が、世界の進行と平衡維持に欠くべからざる、一大事件であるかのような顔をしはじめる。

＊

あらゆる罪を犯した。父親となる罪だけは除いて。

＊

原則として人間は、失望を待つものである。彼らは、焦っても仕方がないこと、遅かれ早かれ失望がやってくること、当面の仕事に没頭するのに必要なだけの猶予を、失望が与えてくれることを熟知しているのである。醒め果てた人間の場合はそうはいかない。失望は行為と同時に襲ってくる。彼には、失望の動静をうかがったりする必要はない。失望はつねに現前しているからだ。もはや事象の継起に縛られなくなった彼は、一方で可能事を食い尽くしてしまい、未来を余分なものとしてしまった。「わたしには、諸君の未来時において、諸君に出会うというわけにはいかない。諸君とわたしとでは、ただの一瞬でも共通する時間がないのだから」と彼は他者たちにいう。それというのも、彼にしてみれば、未来の総体はすでにしてそこに現前しているのだ。

　始まりのなかに終わりを見るということになると、人間は時間よりも速く進んでしまう。電撃的失望とでも称すべき東洋的〈悟り〉は、醒め果てた者に確信を授け、彼をひとりの解放された人間に変貌させる。

*

　私は仮象の絆《きずな》を断ち切ったつもりだ。しかもなお、仮象に足をからめ取られている。むしろこういうべきか。私は仮象の世界と、仮象などは無効たらしめてしまう何か、名称もなく内容もない何か、無でありかつ全一であるような何かとの中間を歩いていると。仮象の外へ出るべき最後の一歩を、私は決して踏み出しはしないであろう。生来の気質が、多義的なもののなかを際限もなく漂い流れるように命ずるのだ。もし私が一定の方向を断然選び取るような挙に出たりしたら、私はみずからの救済そのものによって滅び去るにちがいない。

*

期待を裏切られるという私の能力は、世人の理解を越えるものである。この能力こそが私にブッダを理解させてくれるのだが、一方、またこの能力があればこそ、私にはブッダに付き従うことができないのだ。

＊

同情の涙を注げなくなった事柄は、すでにして問題にならぬもの、存在さえしないものである。私たちの過去がなぜあんなにも速やかに、私たちの領分から去って、歴史の、つまり、もはやどんな人間にも関わらない中性的事象の相貌を帯びてしまうのか、それで分かろうというものだ。

＊

自己の最深部で、どうか神と同じくらい所有権を剝奪されたい、神と並ぶほどの悲境に落ちたいと切願する。

＊

人間同士の真の接触は、無言で向かいあうこと、外見《そとみ》での非交流、内的な祈りに類する、謎に充ちた言葉なき交換行為によるほか、達成されることはない。

六十歳に及んで知ったことを、私は二十《はたち》のころ早くも充分に知っていた。四十年という、この長々しい、なくもがなの検証の歳月……

*

一切は堅牢さを欠き、基底を欠き、正当性の根拠を欠く。このことがつねづね私には明白をきわめるものと見え、たとえ最上の敬意を払っている相手であろうと、あえて反対意見を述べたりする者は、香具師《やし》か白痴のように私には映る。

*

子供のころから私は、どんな注釈とも、どんな行為とも、どんな大事件ともさらに縁のない形で、時間が流れ去ってゆくのを知ったものだ。これは時間が、時間ならざるものから分離し、自立した存在となり、固有の定款を、みずからの帝国を、専制政体を持つということである。私ははじめて自分が、空っぽの宇宙を前にして、本来の機能をどうあっても果たそうとしない、ひたすら漏出してやまぬ瞬間の連続体そのものとなった午後のことを、こよなく明瞭に憶えている。時間はそのとき、私の生身と引き換えに、存在から剝離していたのであった。

＊

ヨブとちがって私は、自分の生誕の日を呪いはしなかった。そのかわり、その日以外のすべての日々を、私は呪詛で塗りつぶしてきた。

＊

もし死が否定的側面しか持たぬとしたら、死ぬことは実行不能の行為となるであろう。

＊

すべては在る。何ものもない。二つながら、似たような精神の晴朗を恵んでくれる言葉だ。不幸にして、安定を知らぬ人間は、この両者のあいだをさまよいつづけ、身震いしつつ、当惑しつつ、つねにニュアンスの虜《とりこ》となり、存在か非存在か、どちらかの安定に身をゆだねることができない。

＊

ノルマンディのとある海岸に座って、夜明け前のこの一時《いっとき》、私はいまどんな人間をも必要としていない。鷗《かもめ》の群れがいる。それがわずらわしい。石を投げて鷗どもを追いはらう。鷗が、この世のものとは思えぬ金切り声をあげる。そのとき私はようやく得心したのだ、この金切り声こそが自分には必要だったことを、ただ不吉なもののみが私の心を鎮めるのだということを、まさにこの不吉なものに出会いたいばかりに、自分が暗いうちから起き出したのだということを。

＊

生きている——にわかに私は、この表現の奇怪さにと胸を衝かれた。さながらそれは、どんな人間にも適用されないかのようである。

＊

事がうまく運ばず、自分の脳髄に哀れを催すたび、私は何ごとかを触れまわりたいという抑えがたい欲望にゆるがされる。世の改革者、予言者、救い主のたぐいが、どんなみじめな生き地獄から生まれてくるか、私が理解するのはそのときである。

＊

私は自由でありたい。狂気と紛うまでも自由でありたい。死産児のように自由でありたい。

＊

思考の明晰さが、かくも多量のあいまいなものを、混濁したものを雑《まじ》えているのは、それが、眠られぬ夜の時間を、私たちが悪用した成果にほかならぬからである。

＊

生誕という強迫観念は、私たちを自分の過去以前へ拉《らっ》し去ってゆく。おかげで私たちは、未来に対する、現在に対する、いやそれどころか、過去に対する嗜好をさえ失くしてしまうのである。

＊

突然、歴史終了後の世界に出てしまい、ようやく人間時代というエピソードから脱出した、神々の大爆笑を目撃する——そうしたことのない日のほうが、私にはむしろ珍しい。

最後の審判の幻影がだれの気も惹かなくなった以上、かわりの幻影がどうしても要るのである。

＊

ひとつの観念、一個の存在、なんでもいい、具体的に形を得るものはすべて、その形を損ない、グロテスクの相を帯びる。結実は裏切りを伴うのだ。決して可能態から逃げ出さないことだ。永遠の優柔不断に居座ることだ。生まれるのを忘れることだ。

＊

ただひとつの、本物の不運、それはこの世に生まれ出るという不運だ。起源そのものに宿っていた攻撃的要因、膨脹と熱狂の原理、起源にゆさぶりをかけたあの最悪のものへの突進、そこまでこの不運の源泉を遡ることができるだろう。

＊

長い年月をへだてて人と再会したときは、たがいに向きあって座り、何時間ものあいだ、ものも言わずにいることだ。その沈黙のおかげで、たがいの茫然自失は、底の底まで味わいつくされるにちがいない。

＊

度はずれに強く、不毛の刻印を打たれた日々。喜んでもいいはずなのだ、凱歌をあげ、枯渇をお祭り騒ぎに変えてしまい、自分の練達と成熟の、さらにいえば解《げ》脱《だつ》の歴然たる証拠をそこに認めてもいいはずなのだ。だが私はたわいもなく遺恨と不機嫌に胸を塞《ふた》がれた。私たちのなかに棲《す》む古き人間、どうあってもわが身を抹消したがらぬ、あの活躍好きの悪党は、それほどにも根絶しにくいものなのだ。

＊

私はインドの哲学に魅せられている。そしてこの哲学の精髄をなす主題は、我《が》を乗り超えるところにある。それでいて私のなすこと考えることは、一切が、我でしかなく、我のさまざまな不面目でしかない。

＊

行動しているあいだ、私たちには一個の目標がある。だが、終わったとたんに行動は、追い求めた目標と同様、私たちにとってもはや実在性を欠くものとなってしまう。してみると、はじめからそこになんら実質的なものはなかったのだ。ただの遊戯だったのだ。だが、人間のなかには、行動している最中に、遊戯でしかないことを自覚する者がある。そうした人間は、前提の段階で結論を、潜在的なものの段階で実現されたものを体験してしまい、彼らがこの世に生きているという事実それ自体によって、真摯なものを根こそぎ引っくりかえしてしまうのだ。実在性の欠如を、世界を蔽《おお》う不毛をまざまざと見る能力は、毎日のように味わう感覚に、突然の身震いが結合した成果である。一切は遊戯だ――この重大な発見をぬきにしたのでは、私たちが日ごと身に刻みつつあるもろもろの感覚は、形而上学的体験と、不快感というその偽造品とを峻別すべき、あの明証性の徴《しるし》を持つことはないだろう。というのも、不快感とはつねに、出来そこないの形而上学的体験にすぎないからである。

＊

死に対して抱いていた興味を使い果たし、もう死からはなんにも引き出せそうもないと見極めると、人間は今度は生誕のほうに向きなおる。別口の、汲めども尽きぬ深い淵のほうに専念しはじめる……

＊

いま、この瞬間、私は軀《からだ》に苦痛を覚えている。この、私にしてみれば大変な事件が、私以外のすべての人間たちには、まるでありもしないこと、想像さえ及ばぬことであるのだ。ただ神だけを例外として――もしこの言葉になにがしかの意味があるとすればだが。

＊

たとえ一切が徒労だとしても、自分の行為を首尾よく果たすことは徒労ではあるまい。そういう声がいたるところで聞こえてくる。しかし、そのことさえ実は徒労なのである。この結論に到達し、それを耐え忍ぶためには、いかなる職業にもつかぬことが必要だ。職業につくとしても、せいぜいが王の職であろう。あのソロモンのように。

＊

たしかに私も、世間のだれかれと同じように、それどころかこの上なく蔑《さげす》んでいる連中と同じように、物ごとに反応する。ただ私は、良きにつけ悪しきにつけ、自分のなした行為を深く悔やむという形で、失地回復をやってのけるのだ。

＊

私の五感はどこへ行ってしまったのだ？　五感は……わたしのなかへ消え失せてしまった。するとそのわたしというのは何なのだ。もし消え失せた五感の総和でないとすれば……

＊

並はずれた、つまらない――この二つの形容詞こそは、例の行為に、したがって行為から生ずるあらゆる事象に、何よりもまず生命そのものにぴったりだ。

明察とは、人間に自由をもたらす唯一の悪習である——ただし、沙漠での自由を。

*

歳月が経《た》つにつれて、理解しあえる友人の数は減ってゆく。言葉を交わせる相手がついにひとりもいなくなったとき、人間は、個人名を持った存在へと失墜する以前の状態に還る。

*

詩情などというものと手を切ってしまえば、ペンで紙を汚すのはもはや苦痛でしかあるまい。言いたかったことを正確に言うために、ものを書いてどうなるというのか。

*

自分よりも苦しむことの少なかった者に、判断を下されるなどということをどうして受諾できようか。しかも私たち各人が、いかばかり、自分こそ真価を知られぬヨブだと思っていることであろう……

なんでも言えるし、なんでも告白できる、理想的な聴罪司祭がいたら、すれっからしの聖者がいてくれたら、と考える。

＊

人間は何代も何代も連綿と死んできたが、その間《かん》、生者はずっと、死ぬという習慣を自分で身につけねばならなかった。この習慣がなかったら、一匹の虫が、齧歯類《げっし》が、さらには人間が、多少の気取りを振りまいてみせたあとで、なぜ堂々とくたばることができるのか、とても理解しきれまい。

＊

楽園はよほど我慢のならぬところだったのだ。そうでなければ、最初の人間は楽園に安住したはずである。この世はというと、どうやら輪をかけて我慢のならぬところであるらしい。なぜなら、人びとはかつての楽園を愛惜し、別種の楽園を未来にあてこんだりしているのだから。では、何を為し、どこへ行けばいいのだ？　何もしないこと、どこへも行かぬこと、それに尽きる。

＊

健康とはたしかにひとつの財産であろう。しかし、現に健康を所有している人たちには、それが財産だということに気づく機会は与えられていない。みずからを意識する健康などは、すでにして冒された健康か、冒される瀬戸ぎわの健康にすぎないのだから。誰であれ、自分の病弱の不在を楽しむというわけにはいかない以上、丈夫な人間にはもっともな罰《ばち》が当たる、と言ったからとて、少しも誇張にはならないのである。

＊

ある人はさまざまな災厄に襲われ、またある人はかずかずの妄執を抱えている。どちらに同情を寄せるべきか？

＊

他人が私に対して公正にふるまうのを、私は好んでいない。私は何がなくても格別文句をいわぬ男だが、不公正という強壮剤だけは欠かせないのである。

＊

「一切は苦患《くげん》だ」――この仏教の公式を現代風に直すと、「一切は悪夢だ」となる。かくて涅槃《ねはん》は、人間界を蔽うこの悪夢という責め苦を終わらせるものとして、ごく少数の人間の独占する方策ではなくなり、悪夢それ自体のごとく普遍的なものとなるであろう。

＊

不眠症患者が日ごと夜ごと耐えている磔刑に比べれば、たった一度の磔刑などがなんだというのか。

＊

夜おそく並木道を散歩していると、足元に栗の実が一個落ちてきた。栗の実は弾《はじ》けて音を立て、その音が私のなかに反響を惹きおこし、私はこのささやかな出来事とまるで釣り合いのとれぬ、総毛立つような感動に襲われた。確定し完了したものの驚異と酩酊《めいてい》のなかへ、私は突き落とされたのである。まるでもはや問いは存在せず、答えのみがあるかのようだった。数かぎりない、予想もしなかった明証が現れて私を酔わせ、私はそれらの明証をどう扱っていいか分からなかった……

そんな風にして、私は至高のものに触れる寸前のところまで行った。だが、結局、散歩をつづけたほうがいいようだ、と私は考えたのである。

＊

私たちが自分の心痛を他人に告白するのは、ひたすら彼を苦しめるためであり、彼がその心痛をおのが責めに帰するようにと希ってのことにすぎない。もしそれがぜひとも引きとめておきたい人物ならば、私たちは彼に抽象的な苦悩しか告げようとはしないだろう。私たちに愛情を持ってくれる人たちが、揃って快く受け入れるのは、その種の苦悩だけだからである。

＊

出生の罪を、私は自分に許すことができない。この世に忍びこむことによって、まるで私はある宗教的玄義《げんぎ》を瀆《けが》し、なんらかの重大な契約を破り、名づけようもない由々しい過ちを犯したかのようだ。ただ、時としては私もそれほど一刀両断式に考えぬことがある。そうしたとき、生まれるとは、もし知らなかったら悔しさで身も世もないような悲運、という風にも映るのである。

＊

思想は決して純潔ではありえない。なぜかといえば、思想とはそもそも仮借なきものであり、攻撃的行為であり、私たちの枷《かせ》を撥ね飛ばしてくれるものであるからだ。思想が抱えている悪しきもの、あえていえば悪魔的なものを除去してみたまえ。私たちは、解放の概念さえ放棄しなければならなくなるだろう。

＊

過ちを犯さぬための最上の手段は、確実なものだけをすぐって、少しずつ掘り進むことだ。しかもなお、すべての大事は、猜疑《さいぎ》の及ばぬところで行われてきたということに変わりはない。

＊

はるかな昔から私は、この世が自分むきに出来ていないのを、どうしてもこの世に慣れることができないのを自覚してきた。私が多少なりとも誇りを持つことができたのは、まさにそのゆえだし、さらに言えば、そのゆえでしかなかった。私がこの世に生存していること自体、聖詩が損傷し磨耗してゆく過程のように思われるのもまた、そのゆえである。

＊

私たちの思惟は恐怖感の僕《しもべ》になっており、未来のほうを向いて恐るおそる道をたどっていったすえ、たちまち死に行き会ってしまう。思惟に生誕のほうを向かせ、無理にも生誕に固執させるのは、思惟の流れを逆転させること、思惟にあともどりをさせることだ。そのとき思惟は、死の恐怖の底に潜む力を、あの鎮めるすべもない緊張を失ってしまう。思惟が膨脹することを希い、豊かな、強大なものとなることを求めるのなら、そうした力と緊張こそが有効なはずなのだ。こうして私たちは、逆の行程をたどるときの思惟がなぜ活力を失い、みずからの出発点にぶつかってなぜあんなに疲弊してしまうのか、その出発点のさらに彼方を、つまり生まれる前の時空を直視するだけの元気をなぜ持てないのか、得心することになる。

*

大事なのは私一個の始源などではない。始源一般こそが問題なのだ。自分の生誕というこの二次的強迫観念に、私があえてぶつかってゆくのは、時間の第一瞬間と取っ組みあいをするすべがないからである。一個人の不安感は、最後の最後には、宇宙開闢《かいびゃく》の不安感にまで遡行することになる。私たちの五感の一つ一つが、存在がどことも知れぬ場所から外へと滑り落ちたときの、その引《ひ》き鉄《がね》となった第一番目の感覚の大罪を償っているのである。

*

全世界の人間より自分を選ぶと決心してみても、大して甲斐はないであろう。それでもなお私たちは、自分では想像もつかぬほど烈《はげ》しくみずからを憎んでいる。賢者というものがなんとも異様な、幽霊めいた存在であるのは、万人の例に洩《も》れず抱いているはずの自己嫌悪に、まるで冒されていないかのように見えるからである。

＊

存在と非存在とのあいだには、もし私たちがこの両者を同じように烈しく怖れているとすれば、もはやなんらの差違もない。

＊

非知《ノン・サヴォワール》は一切の基盤である。毎瞬間くりかえす独特の作業によって、非知は一切を創り出し、この世界を、いや、どんな世界でも見境いなしに産み出す。というのも、非知は絶えず実在ならざるものを実在とみなしているからである。非知は、私たちの一切の真理の根拠をなす、途方もなく大きな誤謬《ごびゅう》であり、ありとあらゆる神々を寄せ集めたのよりもさらに古く、さらに強大である。

＊

内面の探求に向いた気質は、次のような点で見わけることができる。すなわち、そうした質《たち》の人間は、いかなる成功よりも上位に失敗を据えるにちがいない。むろん無意識のうちにだが、彼は失敗を追い求めさえするだろう。それというのも、失敗はつねに本質的なものであって、私たちに自分の素顔を暴きだしてくれるし、神が見るような視線で、私たちが自分を見ることを可能ならしめるからだ。ところが成功は、人間を含む一切事象の最深部にあるものから、私たちを遠ざけてしまうのである。

＊

時間がまだ存在していない一時期というものがあった。……生誕を拒否するとは、時間以前のこの時期に対する郷愁以外のものではない。

＊

もはやこの世にない大勢の友人たちのことを考え、哀憐《あいれん》の思いに囚われる。とはいえ、死者たちはさして同情するには及ばないのだ。なぜなら、彼らはすでに一切の難問を解いてしまったのだから――まず手初めに、死という難問を。

＊

生まれるという事実のなかには、はなはだしい必然性の欠如が見られ、平生より少しでも長くそのことに思いを凝らせば、どういう反応を示したらいいのか分からなくなったすえ、私たちの表情は馬鹿のような薄笑いに固定してしまう。

＊

昼型、夜型という二種類の精神がある。両者は同じ方法を持たず、同じ倫理を持たない。真昼、人はみずからの言動に監視の眼を注ぐ。だが、闇のなかでは、人はすべてを語ってしまう。ほかの人間たちが睡魔の餌食になっているときに、おのが心を問い尋ねるような者には、自分の考えることが芳しい結果をもたらすか、あるいは憂うべき結果に行き着くかなどということは、どうでもいいのである。かくて彼は、自他に及ぼすかもしれぬ害のことなどは意に介さずに、生まれたことの不運について際限もなく思いめぐらす。真夜中を過ぎてから、有毒な真理の酩酊がはじまるのだ。

＊

齢《よわい》を重ねるにつれて、人はいよいよ未来について暗いイメージを抱くようになる。これは単に、いずれ未来から締め出しを食う羽目になるのを、みずから慰めるためだけのことであろうか？　一見そう思われるかもしれないが、実際はちがう。なぜなら、未来というものは常に残酷なものだったからだ。人間は、自分たちのさまざまな災厄に、前よりも悪化させるという形でしか対応することができず、そのため、いつの時代にも人間の生活は、そのときどきの難問題に解決が与えられる以前のほうが、ずっと耐えやすいものなのだ。

＊

ひどい窮境に陥ったら、つとめて、あたかも歴史が終結したかのようにして生き、不感無覚に心を蝕《むしば》まれた化け物のようにして、物ごとに反応するがよい。

＊

かつて私は、死者を前にすると、「生まれるということがこの男にとってなんの役に立ったか？」と自問したものだった。いまの私は、同じ質問を、いかなる生者を前にしてもおのが心に発している。

＊

生誕についてくだくだしい議論をするのは、精神錯乱の域にまで昂進した、解決不能のものへの嗜好にほかならない。

＊

死に関しては、私はたえず〈秘事〉と〈ごくつまらぬもの〉とのあいだで取捨に迷っている。つまり、ピラミッドと屍体公示所とのあいだで。

＊

人間には、自分が存在しなかった時期がかつてあったとは、なかなか実感できないものだ。そこで人間は、生まれる前に自分が持っていた人格に執着するのである。

＊

「ほんの一時間だけ、我《が》の非存在について沈思するがよい。自分が別人になったことを貴下は感得されるだろう」――これは日本の倶舎《くしや》宗の僧侶が、西欧からの来訪者に与えた言葉である。別に仏教の寺院を経めぐったわけではないのに、いったい何度私は、世界の、したがって私の我《が》の非実在性に思いをひそめたことだろう。だからといって私は別人になりはしなかった。ただ、私の我《が》がまったく実在性を持たず、その我を失っても、何ものか、言いかえればすべてを除いて、別になんにも失いはしなかったという感じだけは、たしかに身内に残ったものだ。

＊

生誕にこだわるところで止めておくようにと、良識の声がしきりに促すのだが、私はもっと逆行の度を強め、いっそう深く、何かよく分からぬ始源のほうへと遡り、起源のまた起源へと飛び移ってゆく。おそらくはいつの日にか、私は起源それ自体に行き着くことができるだろう。そしてそこで身を休めるか、どっと倒れこむかするであろう。

*

Xが私を罵《ののし》った。私は平手打ちを食らわせるべく身がまえた。思いなおして、私はやめた。私とは何者か。反撃しようとした私と、後退してしまった私と、どちらが真の私か。私の第一回目の反応はいつも活力に充ちている。二回目の反応は、まことにだらしがない。世間で〈叡知〉などと呼びならわしているものは、実は絶えざる〈思いなおして〉であり、言いかえれば、とっさの反応としての無為である。

*

執着が悪だというのなら、その執着の原因を、この世に生まれるという怪事件にこそ求めるべきだ。なぜなら、生まれるとは執着することだからだ。したがって解脱を希う者は、もっぱら、あらゆる奇怪事のなかでももっとも重大な、もっとも許しがたいこの怪事件の痕跡を、消滅させるべく努めねばなるまい。

*

不安と狂乱のさなかに、かつての自分の姿だった胎児のことを考えて、にわかに心が鎮まる。

＊

いまのこの瞬間、人間の放つ非難も神々からの非難も、私を傷つけることはできない。私はいま、あたかも自分がかつてこの世に存在したことがないかのように、自足した気持ちでいる。

＊

逆境に翻弄されることと、生まれたことに対して執拗に逆らうこととが、何か密接につながっているように考えるのは誤りだ。この執拗な反抗には、もっと深く、もっと遠くまで達した根があるのだ。自分の生のありかたに不平のかけらさえない場合でも、この反抗は起こりうる。たぐいなき好運のときにこそ、この反抗は猛烈を極めるのだとさえいえるのである。

＊

トラキア人[＊1]と、ボゴミル派[＊2]——私はかつて自分が、彼らの活動したのと同じ地域へ、足しげく通ったことを忘れかねている。トラキア人には、新生児のために涙を流す習慣があった。また、ボゴミル派の人びとは、神を無罪たらしめるために、〈創造〉という汚辱に充ちた仕事をサタンのせいにした。このことも久しく脳裡《のうり》を去らない。

＊

穴居《けっきょ》時代のあの長い夜また夜、おびただしい数のハムレットたちが、たえず独白を繰り返していたにちがいない。というのも、形而上学的苦悩の最盛期が、〈哲学〉なるものの君臨にともない世界が無味乾燥になった、そのはるか以前にあったと考えても、少しも不当ではないからである。

＊

生誕の強迫観念は、記憶の異常な増大から、過去の遍在から生ずるが、また、行き止まりの道を、しかも最初の袋小路を渇望する心からも生ずるものである。突破口も、したがって歓喜も、過ぎ去ったもののからは決して得られない。それはひたすら現在から、そして時間のくびきを解かれた未来から得られる。

＊

何年も何年ものあいだ、いや、実際は一生涯、末期《まつご》のことばかり考えて暮らし、ついにその末期に臨んで、さんざん考えたのが無駄だったと、死について考えることはいろいろな役に立つけれども、ただ、死ぬことにだけは役に立たぬと知る。

＊

意識を刺激し、発生させるのは、私たちのさまざまな不快感だ。その仕事を終えると、不快感は弱まり、一つまた一つと消えてゆく。意識のほうは消えずに残り、もはや不快感に負うところがあるなどとは思ってもみず、そんなものは身に覚えがないとさえ考える。こうして意識はみずからの自治権を、主権を言いたててやまない。おのれを憎み、死滅することを希うときでさえも。

＊

聖ベネディクトゥスの定めたところによると、修道僧たる者はみずからの仕事を誇りとしたとき、いや、単に満足を覚えたときにさえ、その仕事を中断し、放棄しなければならなかった。不満足をこそ求め、悔恨と嫌悪の大饗宴をくりひろげて生きる者には、こんな危険は怖れるまでもないことだ。

＊

神は決断することを嫌うというのが本当なら、私は神の面前に出てなんの気づまりも感じないだろう。神のひそみに倣《なら》い、神と同じように何ごとにつけても意見なき者となるのは、私には実に好もしいことなのだ。

*

ベッドを離れ、身づくろいをし、さて憂鬱症か恐怖かの、予測もつかぬ変種におそわれるのを待つ。

無懊悩《アタラクシア》の一片でも手に入れられるのなら、全宇宙と、シェークスピアの全作品をくれてやってもいい。

*

ニーチェという人はなんという幸運児か。あの果てかた、多幸症で死ぬというあの果てかたを見るがよい。

*

何ものもまだ、出現するところまで身を落とそうとせず、人びとが意識を、ことさら望むでもなく予感し、潜在的なものに惑溺して、自我に先立つわたくしの無価値な充溢感をたのしんでいた、そういう世界を絶えず脳裡に描くことだ……

生まれないこと、それを考えただけで、なんという幸福、なんという自由、なんという広やかな空間に恵まれることか！

II

もし現世への嫌悪が、それだけで聖性を賦与するに足るものならば、どうしたらこの私が聖列加入を避けられるか、まるで見当がつかぬ。

＊

世に私ほど、おのれの骸骨にひたと寄り添って生きてきた者はあるまい。その結果、際限のない独白が生まれ、私としては受容も拒絶もならぬいくつかの真理が生まれた。

＊

美徳よりも、悪徳を抱いて生きるほうが屈託がなくてよい。悪徳は本来、気安いものであって、助けあいを旨とし、相互に寛容をもって対している。一方、美徳はというと、まことに嫉妬ぶかく、たがいに競《せ》りあい、抹殺しあい、何ごとにつけても共存の不可能、相互排斥という実情をさらしてしまう。

＊

自分の行為にせよ、他者の行為にせよ、人間のすることに信を置くのは、屑《くず》みたいな品物で大騒ぎをするようなものだ。人間はさまざまな模造品に見切りをつけねばならない。〈諸実在〉にすら見切りをつけるべきなのだ。そしてあらゆる事象の、あらゆる人間の埒外《らちがい》に身を置き、みずからの諸欲を叩き出し、粉砕し、インドの諺《ことわざ》を借りていえば、〈群れを離れた象〉のように寡欲な生きかたを選ぶべきだ。

*

あの時代おくれの微笑に免じて、Xには一切を許してやろう。

*

みずからを憎む者は、謙譲の人とはいえぬ。

*

ある種の人間たちには、すべてが、掛け値なしにすべてが、生理学に由来する。彼らの肉体は思想であり、思想は肉体なのだ。

*

〈時間〉は策略に富んでおり、思いがけぬ発明の才と慈悲心とを持ちあわせている。いつなんどきでも、私たちに何か新たな屈辱を恵むというめざましい能力が、〈時間〉にはたしかにある。

＊

私はいつも神以前の風景を追い求めてきた。カオスに対する私の偏愛はそこから来ている。

＊

結局はいつも自分が最新の敵に似てしまうのを知って以来、私はもう誰にも攻撃をかけないことにした。

＊

久しく私は、自分が誰にもまして正常な人間だという観念を抱いて生きてきた。この観念のゆえに、非生産の嗜好、いや情熱が私にとりついたのである。気違いどもで満員の、愚鈍と譫《せん》妄《もう》の淵にはまりこんだこの世界で、名をあげてみたとて何になろうか。いったい誰のために、何を目的として精根を磨りへらそうというのだ？　絶対という尺度からすれば救いともなるし、即刻という尺度からすれば身の破滅をも招きかねないこんな確信から、私が完全に解放されているかどうか、それは分からない。

＊

暴力的な人間はおおむね虚弱児童であり、〈弱虫〉である。彼らはおのれの軀《からだ》を生《い》け贄《にえ》に供しつつ、絶え間のない灼熱状態に生きている。その点では禁欲苦行者と同じことである。苦行者は無念無想をめざし、心の平穏を求めて鍛練を積み、身を磨りへらし、消耗しつくす。それが躁暴性の人間たちとそっくりなのだ。

＊

誰にも打ち明けるすべのないことを告白する――ただそのためにのみ、書物は書かれるべきだ。

＊

魔羅《マーラ》、すなわち〈誘惑者〉が、ブッダの地位を奪い取ろうとしたとき、ブッダが吐いた言葉につぎのようなものがある。「いかなる権利があって、おまえは人間を支配し、宇宙に君臨しようと企むのだ？　いったいおまえは、認識のために苦しんだことがあるのか？」

任意の人物について、とりわけひとりの思想家についてその真価を尋ねようとするのなら、この問いこそが肝要な、おそらくは唯一の問いであるはずだ。認識へのただの一歩にさえ応分の代償を払った者と、手ごろな、どうでもいいような、苦難ぬきの知識を分配された者たち、数の上では圧倒的に多い連中とを、峻別しなければならない。

＊

あの男には才能がない、あるのは口調だけだなどと人はいう。だがその口調こそは、案出しえないもの、その人間生来のものであり、血筋として受けついだ魅力、自分の生理的拍動を人に感じ取らせる特技とでも見るべきものだ。口調とは才能以上のもの、才能の真髄である。

＊

どこへ行っても同じ帰属意識の欠如、相も変わらぬ徒労感だ。面白くもないことに興味があるような振りをし、ただ機械的な反応として、あるいはまた思いやりから、あれこれと奔走する。だが、何ごとかに参加しているという意識は少しもなく、具体的な、しかじかの場所にいるという感じもない。私の心を惹くものはどこか他の場所にある。しかも、その他の場所とはいったい何なのか、私には分からないのだ。

＊

人間は神から遠ざかるにつれて、さまざまな宗教の知識を深めるものだ。

*

「しかし神は、あなたがたがその実を食べる日、あなたがたの双の眼が明くことを知っておられる[*3]」

眼が明いたとたん惨劇がはじまった。理解せずに見ること。それこそが楽園である。したがって地獄とは、人間が理解する場所、理解しすぎる場所のことだ……

*

ある人間が自身の一番低いところまで墜《お》ちて、つねづね抱いている妄想を回復するだけの欲も力も持てないとき、そういうときにしか、私は他者と完全に理解しあうことができない。

*

同時代者たちに容赦ない批判の刃を振るえば、後世から見て大いに慧眼の持ち主と映るかもしれない。ただそのとき、人は賞賛という行為が持つ一か八かの側面を、その危険な妙味をあきらめることになるだろう。それというのも、賞賛は世にも測りがたい冒険であって、ひょっとすると当たるかもしれないからである。

＊

着想は歩いているうちにやってくる、とニーチェはいった。歩行は思想を霧散させてしまう、とシェークスピアは公言した。

この二つの命題はどちらも応分の根拠があり、したがって同じように真実だ。誰でも、一時間、時として一分も歩いてみれば、そのことを確かめることができる。

＊

文学においては、言葉を拷問にかけ、こなごなに打ち砕くところまで行かなければ、およそ独創性などはありえない。だが、こと思想表現となると、表現として見るかぎり事情はまったく別である。この領域では、ソクラテス以前から、充たすべき条件はなんの変化も見せていない。

＊

なぜ私たちは、概念以前にまでさかのぼって、じかに五感そのもので文章をつづることができないのだろう。触覚のどんな微妙な変化をも記録し、爬虫類が作品制作に乗り出したら、こうもあろうかという仕事がなぜできないでいるのだろう！

＊

私たちに健全な部分があるとすれば、それはすべて私たちの怠け癖のたまものである。行為に移ることをせず、計画や意図を実行しようとしない無能力のおかげである。〈美徳〉を養ってくれるのは、実現の不可能性、あるいは実現の拒否だ。そして、全力を出しきろうとする意志こそが、私たちを暴虐へ誘いこみ、錯乱へと駆りたてるのである。

＊

アビラの聖テレサは、神との合体のある相を示すのに、〈栄光ある錯乱〉という言葉を用いた。干からびた嫉み深い心の持ち主が、神秘家に対して決して許そうとしないのがこれだ。

＊

楽園の外に生きているのだと意識しなかったことは、ただの一瞬もない。

＊

人がひた隠しにしようとするものにしか、深さと真実はない。陋劣《ろうれつ》な感情の威力を知るべきである。

＊

「人に知られざることを求めよ」と『キリストのまねび』はいう。この戒律に従うときのみ、人間はおのれに満足し、この世に満ち足りるであろう。

＊

一冊の本の真価は、扱われる主題の大きさによるのではない（もしそうだったら、神学者たちが飛びぬけて優位に立つことになってしまう）。そうではなくて、偶発的なもの、無意味なものと取り組み、微細なものに習熟する、その流儀にかかっているのだ。重要なものは、かつてどんなささやかな才能をも求めたことがない。

＊

ほかの人たちよりも一万年遅く、あるいは一万年早く来すぎたという意識。人類の発祥期、もしくは終末にこそ立ちあうべきだったという……

＊

否定は決して論理の操作から生まれるのではない。なんとも知れぬ曖昧な、古いものから生じるのだ。理屈などはあとからきて、否定を正当化し、支持するにすぎない。すべての否《ノン》は、血から湧き出るのである。

＊

記憶力の侵食作用を利用して、物質がはじめて主導権を行使し、そこに危うく生命の生じかかったときの情景を思いいいだす……

＊

死について考えていない、と気づくたびに、私はおのれの内の何者かを虚仮《こけ》にし、裏切ったような気持ちになる。

＊

どんな狡智にたけた拷問係でも、とても着想の及ばぬ夜というものがある。そうした夜から辛うじて脱出したとき、私たちはぼろ切れになっている。痴呆になっている。記憶もなければ予想も持たぬ、錯乱の人間になりさがっている。自分がいったいどこの誰なのかさえ分からないのだ。そしてそのとき、昼はただ無益なものと見え、陽の光は邪悪な、闇よりもなお息苦しいものと映る。

＊

意識を持つ油虫がいたとしたら、人間と正確に同じ程度の困難に立ち向かい、同じたぐいの解決不能な問題に取り組まねばならないだろう。

＊

人間であるよりは動物であるほうがよく、動物であるよりは昆虫であるほうがよく、昆虫であるよりは植物であるほうがよく、以下同様だ。

救いはどこにあるか？　意識の支配権を殺《そ》ぎ、その覇権を危うくするあらゆるものにある。

＊

私は他人たちの欠陥を一つ残らず備えている。にもかかわらず、私には彼らのすることが一つ残らず、とんでもないことと映っている。

＊

物ごとを本然の性において見れば、人間は外部に顔を向けて生きるように作られているらしい。自身の内部を見たいと希うのなら、眼を閉じなければならず、企てを放棄せねばならず、世の潮流から足を洗わなければならない。一般に〈内的生活〉と呼ばれるものは、私たちのさまざまな生命活動の鈍化があって、はじめて可能な弛緩した現象である。〈魂〉は、身体の諸器官のすこやかな動きを犠牲にした上で、ようやく生じることができ、花咲くことができたのだから。

＊

大気のちょっとした変化でも、たちまち私の計画をぐらつかせずにはいない。あえて信念とはいわぬとしてもである。何にも増して屈辱的なこんな隷属関係は、私の気を挫かずにはすまないが、同時にそれは、自分が自由な存在たりうるという幻想の、いや、端的に自由そのものをめぐる幻想の残りかすを、きれいに吹き払ってもくれる。湿度の高低に引きまわされるような人間が、尊大に構えてみたとてどうなるものでもない。同じ隷属状態なら、もう少し惨めったらしくないのに願いたいし、神々に仕えるのなら、別の手合いの神々にしてもらいたい。

＊

何もわざわざ自殺するには及ばない。人間はいつも遅きに失してから自殺するのだ。

＊

一切の事象は実在性を欠く、と議論の余地もなく分かっている以上、そのことを立証しようと骨身を削る理由はあるまい。

＊

陽の光は、曙から遠ざかって日中へと進むにつれて、娼婦のように身を売り、消え去る瞬間にようやく——それが黄昏の倫理というものだが——おのれの罪を償う。

＊

仏教の著述ではしばしば、〈生誕の深淵〉のことが問われている。それはまさに一個の淵、深き渦流だ。人間はそこへ落ちるのではない。話は逆である。各人の重大な損失を代償として、そこから生じてくるのである。

＊

周期はますます長くなりつつあるが、ヨブとシャンフォール[*4]に対する——怒号と安ブランデーに対する感謝の念がときどき発作を起こす……

＊

どんな意見も、どのような見解も、局部的な、欠損だらけの、不満足なものたるを免れない。哲学においては、いや何であれ同じことだ、独創性なるものは不完全な定義づけということに帰着する。

＊

高潔と評される私たちの行為をよく調べてみると、どこかに咎《とが》めるべき一点を、それどころか有害な一面を、実行を悔やませるような側面を持たぬものはない。そこで私たちは、ぎりぎりのところ、行為の放棄か、悔恨か、どちらかを選ぶほかはなくなるのだ。

＊

取るに足りない屈辱が爆発的な力を持つことがある。挫折した欲望は人を強壮にする。現世から遠ざかり、現世への執着を断ち切るにつれて、人はいっそうその現世に大きな勢力を占めるようになる。断念は限りない力を恵んでくれる。

＊

私の重ねてきた失望は、一点に収斂《しゅうれん》することなく、また、体系とまではゆかずともせめて一個の総体ぐらいは成すかというと、それもなく、すべて散りぢりになってしまい、そのどれもが自分を無比のものと思いこみながら、組織者のないままに衰滅してしまった。

*

哲学でも宗教でも、人間の心に媚《こ》びるものだけが繁盛する。進歩の名を名乗るものであれ、地獄の名を借りたものであれ同じことだ。劫罰《ごうばつ》を受けようがどうだろうが、人間は何ごとにつけても事の核心にいたいという絶対的な欲求を持っている。人間が人間であるのは、いや、人間になったのは、ただこの一点によるとさえいってよい。だからいつの日か、人間がこの種の欲求を身に覚えなくなったとしたら、人間は自分よりもっと傲慢な、もっと狂気じみた動物に道をゆずって消え去らねばなるまい。

*

彼は客観的真理を嫌っていた。議論という苦役を、一貫した論法なるものを嫌っていた。証明の作業を好まず、説得する気持ちなどはさらさらなかった。他人とは、弁証法教師の作り話にすぎない。

*

時間に侵食されるにつれて、人間は時間から逃げようとする。無疵《むきず》の一ページを書くこと、いや一行でもいい。それが諸君を生成よりも優位に立たせ、生成のさまざまな腐敗物の上位にまで高めてくれる。言葉、つまり老衰のシンボルそのものを駆使して、不壊《ふえ》のものを探求し、かくて死を超克するわけである。

＊

何か大きな失敗をして、屈辱感が私たちを大地に叩き伏せんばかりになる、その決定的な瞬間、にわかに、狂気にもまがう自尊心の衝動が私たちを押しゆるがすことがある。それはわずかの間《ま》しかつづかない。私たちの芯を抜き取り、精気を奪い、活力と屈辱感をともども殺《そ》いでしまう、ちょうどそれだけの間しか。

＊

人びとの言いたてるほど、死が恐怖すべきものであるなら、なぜ私たちは、ある程度の歳月を経ると、友人にせよ敵にせよ、生きることをやめた人間すべてに対して、あの幸福な連中という風に考えるのだろう？

＊

一度ならず私は、部屋にじっとしていると、ある種の唐突な決断に逆らいかねるような気がして、家を飛びだすことがあった。街路は部屋よりも安全だ。なぜなら人間は、街路ではあまり自分のことを考えないし、第一、そこでは何もかも、精神錯乱すら強度を落とし、品質を落としているのだから。

＊

万物が眠りこけているとき、病人そのものが憩いに入っているとき、ひとり目覚めているのが病気というものの本性だ。

＊

若いころは、人は病弱や不具からなんらかの悦楽を汲むものである。まったくそれは新鮮で、豊饒なものと見えたのだ！　齢をとるにつれて、それはもう驚異の種ではなくなってしまう。正体が残りなく知られてしまうのだ。病弱・不具は、多少ともそこに予測を越えたものがないと、耐え忍ぶだけの値打ちもないことになる。

＊

みずからの最深部から力を汲んで、仕事にかかり、自己を顕示しようとするとたん、人はさまざまな天賦の才が自分にあると思いこみ、欠陥のほうにはとんと無感覚になる。自分の深みから立ち昇ってくるものが、なんの値打ちもないものかもしれぬなどとは、世の誰ひとりとして諾《うべな》うことはできまい。〈自己認識〉？　そんなのは言葉の矛盾でしかない。

＊

〈詩〉ばかりが問題にされる詩作品の群れ、ポエジーしか主題にならないポエジーの氾濫だ。宗教そのものを対象とする祈りなどが考えられようか？

＊

なんであれ疑問を投じなければ気のすまぬ精神は、千の、万の質疑の果てに、ほぼ完全な無気力状態に立ちいたる。無気力な人間なら、本能的に、なんの苦もなく心得ている状態に到達するのだ。というのも、無気力とは、生まれついての優柔不断以外のなにものでもないからである。

＊

私が誰よりも必要としている賢者エピクロスが、三百篇に余る論文を書いたとは、なんというひどい幻滅だろう！　そしてその三百篇の論文が、すべて散逸してしまったとは、またなんというすばらしい慰めだろう！

＊

「朝から晩まで、いったい何をなさってるんです？」

「自分を我慢しているわけですな」

＊

母が耐え忍んだ懊悩《おうのう》と苦痛について、私の弟がこんなことをいった。「老衰というのは、自然が行う自己批評だね」

＊

「既存の言語を用いて上手に喋るには、酔っぱらっているか、気が狂《ふ》れている必要がある」とシエイエス[＊5]はいった。

私ならこういうだろう。「どんな言葉でもいい、いまなおあえて言葉というものを用いるためには、酔っぱらっているか、気が狂《ふ》れている必要がある」

＊

沈んだ気分で省略的な物言いをするのが好きな人間は、どんな職業に就いても傑出する素質がある。しかし文筆家だけはだめだ。

＊

いつも、最悪のものの襲撃を怖れつつ生きてきた私は、なにごとにつけ機先を制するように努めることにした。災厄が襲ってくるより先に、こちらからその災厄のなかへ飛びこむのである。

＊

祈りの才能を持つ人びとを嫉妬しようとはせず、財物の所有者、富と栄光を知った人びとに対しては総身《そうみ》のねたみを向ける。ある人間が永遠の至福にあずかるかもしれないのに、それには知らぬ顔をし、一方、束の間の成功には心おだやかでない。奇妙な話である。

＊

これまでに出会った興味深い人間で、いうも恥ずかしい欠陥を山と負わされていない者など、ひとりとしていなかった。

＊

月並みという要素をたっぷり含まぬような、真の芸術は存在しない。異様なものを、相も変わらぬ流儀で用いつづける人間は、たちまち飽きられる。異例なもので埋まった単調さほど、我慢のならぬものはないからである。

＊

借りものの国語を用いる上で、もっとも具合の悪いことは、ふんだんに語法上の間違いを犯す権利がないということである。あえて不正確を求め、しかもそれを濫用せず、絶えず文法上の誤りを掠《かす》めながら行くこと、そうしてはじめて、書いたものに生命感を与えることができるはずなのだ。

＊

人は誰でも、むろん無意識のうちにだが、自分だけが真理を追っていると信じ、ほかの人間は真理を求める能力がない、真理に到達する資格がないと信じている。この愚かな思いこみは、きわめて根が深く、また実益に富むので、いつの日かこれが消滅でもしようものなら、私たちひとりひとりに何が起きるか、想像することさえ不可能だ。

＊

最初の思想家は、最初のなぜの偏執狂だったにちがいない。これは世の常ならぬ偏執であってまったく伝染の心配はない。事実、この病に苦しみ、質疑の魔に身を噛まれ、生まれながらに自失状態にあるゆえに、いかなる既知項をも受け入れることのできない人間は、きわめて少数なのである。

*

客観的であるとは、他者を一個の物として、屍体として扱うこと、他者に対して屍体運搬人の振る舞いに出ることだ。

*

いまのこの一秒は、永久に消え去った。呼び返せないものの無名の堆積のなかへと消えた。その一秒は永遠に戻ってこない。そのことを私は苦痛とし、また苦痛としない。一切は代理不能であり――そして無意味だ。

*

エミリー・ブロンテ。ブロンテから放射されるものには、すべて、私を根底からゆさぶるという特質がある。ハワース[*6]は私の巡礼の聖地だ。

＊

川に沿って歩く。水の流れとともに歩みを移し、流れてゆく。なんの努力もせず、急ぐこともしない。そのあいだにも死が私たちのなかで反芻《はんすう》をつづけ、絶えることのない独白をつづける。

＊

ただ神のみが、私たちを決定的に遺棄する特権を持つ。人間には私たちを見捨てることぐらいしかできない。

＊

忘れるという能力がなくては、私たちの過去はたいへんな重みで現在にのしかかり、その結果私たちは、一秒といえども新しい時間を迎えることができず、ましてやその時間のなかへ入ってゆくことはできないだろう。生はただ皮相な人びとにのみ、思い出すことをしない人びとにのみ、耐えやすいのではあるまいか。

＊

ポルフュリオスの語るところでは、プロティノス[*7]は人の心を読む天分を持っていたという。ある日、これといった前置きもなしに、彼はポルフュリオスにむかって、自殺などせず、どこかちょっとした旅行でもしてきなさいといった。むろんポルフュリオスは仰天したが、シチリア島へと出かけ、そこでメランコリアを癒すことができた。ただし、ポルフュリオスが悔恨をこめて語りつぐところによると、そのために彼は、留守のあいだに急逝した師の死に目に会えなかったそうである。

哲学者が人の心を読まなくなってから久しい。そんなのは哲学者の仕事じゃない、と人はいうであろう。そうかもしれぬ。しかし、それならば、哲学者がもはやほとんど問題にもされないからといって、驚いてはなるまい。

*

一個の作品が存在できるのは、襲撃について思いめぐらす暗殺者の細心さ、綿密さをもって、ひそかに準備されるときのみである。どちらの場合も、優先するのは撃とうとする意志だ。

*

自己認識は、一切の認識のなかでもっとも苦いものだが、また、人びとが何にも増して、修錬するのを嫌うものでもある。朝から晩まで、さまざまな妄想の現行犯としてわが身を逮捕し、一つ一つの行為の根因にまで容赦なく遡り、自分で作った法廷で敗訴を重ねてみたとて、どうなるものでもあるまい。

＊

記憶に欠落部分ができるたびに、自分にはもうなんにも思い出せなくなったと知っている人びとの、烈《はげ》しい不安のことを思いあわせる。だが、何ものかが私に告げるのだ、しばらくするとそうした人たちは、ひそかな歓びに捉えられるはずだと。そしてその歓びを、彼らはもうどんな追憶とも、たとえ高揚の極みにある記憶とさえも、引き換えにはしないだろうと。

＊

どこの誰にも増して、一切から超脱し、一切に対して無縁だと言い張ることだ、無関心の躁暴狂でしかないと主張することだ！

＊

相矛盾するさまざまな衝動に煽られれば煽られるほど、どの衝動に身をゆだねるべきか分からなくなる。性格がない。つまりはそういうことだ。それ以外の何ものでもない。

＊

純粋な時間、上澄みだけを掬《すく》いとった、事件も人間も事物も拭い捨てた時間、それがくっきりと際立つのは夜の一時《いっとき》だけだ。そのとき君はその純粋時間が、君を完璧な破局へ誘《いざな》ってゆくことしか考えずに、ゆっくりと流れ去ってゆくのを知ることだろう。

III

万象について、神と並ぶほど知悉している、とだしぬけに感じながら、同じくだしぬけに、その感じが消えてゆくのを知る。

＊

自前《じまえ》で思索する思想家は、事物に即して考究をめぐらす。そうでない思想家は諸問題に即して考える。精神と向かいあうのではなく、存在に直面して生きなければならない。

＊

「何をぐずぐずと降参せずにいるのかね？」——病気という病気が、質問の仮装をまといながら催促する。私たちは聞こえないふりをし、内心、この道化芝居ももう古すぎるなと考え、この次はどうあっても、勇を鼓して降伏せねばなるまい、と思う。

＊

ちかごろの私は、ますます狂熱に対して反応しなくなっている。思想家たちでは、私はもはや死火山的人物しか愛していない。

＊

若いころ、私は死なんばかりに退屈したけれども、みずからを信じていた。たしかに私は、いずれは自分が、かくも滑稽なまでに無価値な人間になろうとは予感していなかったが、そのかわり、何がどうあろうと、〈優柔不断〉が私を手離してはくれないだろう、あたかも神意のごとき正確さと熱心さとをもって、それが私の歳月を見張ってくれるだろうと知ってはいたのだ。

＊

もし私たちが、他人の眼で自分を見ることができたとしたら、私たちは即座に消えてなくなるにちがいない。

＊

イタリア人の友にむかって、私はよく、ラテン民族は秘密を持たぬ連中だ、あんまり開放的すぎるし、それに喋りすぎる、といってやったものだ。内気な本性に責められている民族のほうが好きだし、生きるに際して内気さを知らぬような作家は、何を書いても三文の値打ちもないともいった。「そのとおりさ」というのが友人の返事である。「イタリア人が本を書いて、よしんば体験談がふんだんに披露されていたりしても、まず、衝撃もなけりゃ余韻もないと考えたほうがいい。だってそんな話はもう百遍も喋っちまったことなんだからな」。ここから私たちの話題は女流文学に移り、サロンや告解所のはびこった国の女流文学に、いかに神秘が欠けているかを語りあったものだった。

＊

人間は「あわれみの快楽」を欠かすべきではない——誰だったかもう思い出せないが、そういってのけた男がある。

これほど精妙なやりかたで、宗教を正当づけた者があろうか。

＊

おのが狂熱を再審理し、崇拝する偶像を変えてしまい、別のほうへ祈りを向けたいということの欲求……

＊

畑のなかに横たわって、土の匂いを嗅ぎ、土こそが私たちの現世での右往左往の、終点でもあり希望でもあると考える。憩いを得て、分解され溶けこんでゆくべきものとして、土以上のものを探すのは無駄なことなのだ。

＊

時として私でも多忙なことがあると、なんであれ物ごとの〈意味〉を問うというようなまねは、一切しなくなっている。まして、今まさに自分がしている行為の〈意味〉などを尋ねはしない。万事の秘訣は行動にこそあり、意識の不吉な母胎たる行動忌避にはないということの、何よりの証拠である。

＊

絵画や詩や音楽は、一世紀の後にはどんな表情をしているだろう。それは誰にも予想のつかぬことだ。アテナイやローマの没落のあとのように、長い休止期がやってくるだろう。表現手段の枯渇のためでもあれば、意識それ自体の衰弱のせいでもある。人間は、過去との絆を結びなおしたければ、あたらしい素朴さを創りださねばならない。この素朴さがなくては、人間は二度と芸術を再開することができないにちがいない。

＊

望みうるかぎり醜悪な教会の、いくつかある礼拝堂の一角に、聖母マリアが御子イエスと連れだって、地球儀の上に立つという像があった。一帝国の足場を掘り崩してついにこれを征服した、キリスト教という攻撃的な宗派は、その帝国からかずかずの奇型症状を継承したようである。その第一が巨人症というわけだ。

＊

『ゾーハル』[*8]にこんなことが書いてある。「人間が出現すると間もなく、花々が姿を現した」私としては、花々は人間よりもずっと前から存在したと信じたい。人間の出現が花という花を茫然自失の状態におとしいれ、花々はいまだにその仰天から醒めていないのだ、と考えたい。

＊

クライストの書いたものは、彼が自殺したことを考えずには、一行たりとも読むことができない。あたかも彼の自殺は、作品に先立つものであったかのようだ。

＊

東洋では、西欧のもっとも奇矯な、もっとも風変わりな思想家たちが、その矛盾・撞着《どうちゃく》のゆえに、かつて真《ま》に受けてもらったことがないらしい。私たち西欧人にしてみれば、まさに矛盾に充ちていればこそ、そうした思想家に興味を惹かれるのである。私たちは思想を愛するのではなく、一個の思想のたどる有為転変を、いわば思想の伝記を愛するのである。その思想の孕《はら》むさまざまな非両立性を、本道からのずれを、要するに、どうすれば他人たちと波長を合わせてゆけるのか、それ以上に自分自身とどうすれば折り合いがつくのか見当がつかず、気まぐれと不運の両方から、ついいかさまをやってしまうような精神を愛するのである。そうした精神の特徴とは何か。悲劇的なもののなかにちらりと出る駆け引き、不治のもののなかにまで影を曳《ひ》く遊びの片鱗……

＊

アビラの聖テレサが、『創建の書』のなかで、メランコリアについて長々と筆を費やしているのは、この病が癒しがたいものだと知ったからである。テレサのいうところでは、医者にも手の打ちようがなく、修道院長はこの種の病人を前にしてたった一つしか方途を持たなかった。すなわち病人たちに対して、権力への恐怖を植えつけ、脅迫し、威嚇するのである。聖女テレサの称賛するこの方法は、今日なお最上のものだ。〈鬱《うつ》病患者〉を前にすると、有効な治療法は、足蹴だの平手打ちだの、要するところ袋叩きしかない、と分かるのである。考えてみればそういう手段は、当の〈鬱病患者〉が、事態にけりをつけようと決心したときに用いるものにほかならない。彼はそのとき非常手段に訴えるのである。

＊

生の側にあるいかなる行為と比べても、精神は座を白けさせる役割にある。

＊

諸元素は、使い古された主題をいつまでも蒸しかえすのに飽き、変化もなければ驚きもない、相も変わらぬ化合体を成すのにうんざりしている。元素が何か気晴らしを求めていると考えても、別に不当ではあるまい。大体、生命などは脱線にすぎず、挿話にすぎないのだ……

＊

すべて為されることは、私には有害なものと映る。最上の場合でも無益なことと映る。やむをえぬとなれば、私も動き回ることはできるが、行動することはできない。私にはワーズワースがコールリッジについて言った言葉がよく分かる。分かりすぎるほど分かる。いわく、「行動なき永遠の行動性」。

＊

まだ私にも何ごとかが可能だと映る、そのたびに、私は魔法にかけられたような気持ちになる。

*

唯一の本心から発した告白は、私たちが間接的に――他人を話題にしてする告白である。

*

私たちがある信念を採用するのは、それが真実だからではない（信念はすべて真実だ）。そうではなくて、何か暗い、わけの分からぬ力が、その信念のほうへ私たちを押しやるからなのである。この力が去ってしまえば、意気消沈と破産、私たち自身の残り滓《のこかす》との差しむかい、それだけだ。

*

「完璧な形式というものは、精神を直接、無媒介に、その形式から発現させるのをもって本領とする。ところが欠陥だらけの形式は、精神を囚人として閉じこめてしまう。それはちょうど、出来の悪い鏡が、その鏡自体しか私たちに印象づけないのと同じだ」

クライストは、明澄性に対するこの賛辞――まことにドイツ的ならざる讃辞をつづりながら、別に哲学のことを考えていたわけではない。どう考えてみても哲学に狙いをつけたものではないのだ。だが、それにしてもこれは、哲学特有の隠語の群れに放たれた、最上の批評だといってよい。この隠語たるや、一種の擬似言語であって、観念を映し出そうとしながら、実は観念を犠牲にしてわが身を際立たせることしかできず、観念の質を悪化させ、曇りの多い曖昧なものにし、結局はその隠語自体に人の目を引きつけるだけのことになってしまう。言葉というものが、それと気づかれぬ風であるべき一分野で、世にも嘆かわしい簒奪《さんだつ》行為の結果、言葉が花形役者になってしまったのだ。

＊

「おお、悪魔よ、わが主よ、わたくしは永久《とわ》にこの身をあなたに捧げまいらせます！」――おのが血にひたした釘でこの言葉を書きしるした、あの修道女の名を思い出せないとは、なんと無念なことだろう。彼女こそは、祈りと簡潔さの詞華集が編まれでもしたら、かならず名をつらねたことであろうに。

＊

自意識は肉に刺さった棘《とげ》以上のものだ。それは肉に刺さった匕首《あいくち》だ。

＊

あらゆる気分にはなにかしら残酷なところがある。ただ、歓びだけは除いて。シャーデンフロイデ、つまり他人の不幸を見る歓びとは、言葉の誤用である。悪をなすのは快楽であって、歓びではない。歓びは、現世に対するただひとつの勝利だが、その本質からして純一なものであり、快楽に帰一させることはできない。快楽は、それ自体においても、またそのさまざまな発現の仕方においても、つねに胡散くさいものなのだ。

*

挫折によって、たえまなく相貌を変えさせられる生活。

*

賢者とは、何にでも同意する人の謂《いい》である。なぜなら彼は何ものとも同一化することがないからだ。欲望を持たぬオポチュニスト。

*

非の打ちどころのない形で、ポエジーというものを描き出してもらった例を、私は一つしか知らない。これはエミリー・ディキンスン[*9]の言葉なのだが、本物の詩を前にすると、彼女は猛烈な寒気《さむけ》に捉えられて、もはやどんな火も、この身を暖めはしないだろうと思うのだそうだ。

＊

自然の犯した大きな過ちは、一種類のものの制覇に甘んずることをしなかった点にある。植物のそばに置けば、一切が時を得ない不出来なものと見える。太陽は最初の昆虫が出現したとき、不満の意を表すべきだったし、チンパンジーの闖入《ちんにゅう》に際しては、さっさと引っ越してしまうべきだった。

＊

人は老いるにつれて、さまざまな〈難問〉をそっちのけに、自分の過去ばかり掘っくりかえすようになる。これはおそらく、追憶を作動させるほうが、観念を作動させるよりもやさしいからである。

＊

私たちが最後まで背信行為を許そうとしない相手は、私たちが騙した人間たちである。

＊

他人の行為を、私たちはいつも、自分ならもっと首尾よくやってのけるのに、という感じで眺める。不幸にして私たちは、自分のしていることについてそうした意識を持たない。

＊

「アダムがまだ水と泥土のあいだにあったころ、わたしはすでに預言者であった」とマホメットはいう。

……ひとつの宗教を創始するという——あるいは少なくともひとつの宗教を崩壊させるという——高慢心を抱いたこともないのに、どうして太陽の下を大手を振って歩けようか？

＊

解脱《げだつ》はおよそ習得されるものではない。それは一文明のなかに刻みつけられているものだ。人は解脱にむかって進むのではなく、みずからの深部にそれを発見するのである。キリスト教の某宣教師が、日本に十八年も住みつきながら、あとにも先にも六十人しか改宗者を得られず、しかもそれが年寄りばかりだったと聞いて、私はひそかにそう考えた。その六十人の改宗者も、実は最後には彼から離れていったという。つまり、彼らは純日本風に、悔恨もなく、心の責め苦もなく、彼らの父祖たちに恥じぬ死にかたで死んでいったのだ。なにしろこの父祖たちは、蒙古襲来の国難に身を処するに際して、一切事象の空《くう》なるゆえんを、さらにはおのれ自身の空の空なるゆえんを、骨身にまで刻むことのできた人たちなのだ。

＊

永遠について飽かず思いめぐらすには、身を横たえていなければならない。永遠は、久しいこと東洋人たちの主たる関心事であったが、その東洋人は水平の姿勢を好む人たちではなかったか？

横になったとたんに、時間は流れを止め、分秒はもはや数えられることがない。歴史とは直立した種族の産物である。

垂直に立つ動物となった以上、人間はわが身の前方を、空間においてだけでなく、時間においてさえ、凝視する習慣を身につけねばならなかった。〈未来〉の起源は、実に惨憺《さんたん》たるところにある！

＊

人間嫌いと聞くと、どんなにそれが本物であったとしても、ともすれば私はある老詩人のことを思い出してしまう。寝たきりになった老詩人は、世間から完全に忘れ去られ、同時代者に対する憤怒のあまり、どんな奴がきても絶対に会ってはやらぬと宣言していたのである。彼の妻が、あまりに気の毒なので、ときどき玄関へベルを押しに行ってやるのだった……

*

ひとつの作品は、いくらそれが欠点だらけな、不完全なものだと分かっていても、もうこれ以上修正することは不可能だということになったとき、完結したとされる。作者は疲れ果てて、もはやそこに、たとえ必須のものであっても、句点ひとつ付け加える気力もない。ある作品の完成度を決定するのは、芸術的要請でも真理の発する要求でもなく、まさに疲労であり、さらにいえば嫌悪感なのだ。

*

どんなに些細《ささい》なものであっても、文章を綴らねばならぬとなれば、真の創意のまねごとぐらいは要るであろう。ところが、しかじかの文章に読者として参入するためには、たとえそれが難解きわまるものであったとしても、少々の注意力があれば充分なのだ。一枚の葉書をどうにか書き果《おお》せることのほうが、『精神現象学』を読破することよりも、創造の行為に近い。

*

仏教では怒りを指して〈精神の汚点〉と呼ぶそうだし、マニ教では〈死の樹木の根〉と名づけている。

それは分かっている。しかし、分かっていることがなんの役に立つ?

＊

その女は、私にはまったく関心の外にあった。長い年月を経て、あるとき突然、何がどうあろうと彼女には二度と会えないのだと考え、私はあやうく気を失うところだった。私たちが死とは何かを理解するのは、私たちから見て何者でもなかったひとりの人間の顔が、突如として脳裡を走り去るときでしかない。

＊

芸術が袋小路に入れば入るほど、芸術家がぞろぞろと輩出する。これは異常とも見えようが、仮に、芸術は衰滅の道を歩みながら、不可能なものになると同時にたやすいものになったのだ、と考えるならば、異常でもなんでもなくなるであろう。

＊

自分がいま何者であり、何をなしつつあるかについて、誰も責任などはない。これは自明のことであり、程度の差はあれ万人が諾《うべな》わざるをえないはずである。それならばなぜ、人は賞賛したり悪口を浴びせたりするのだ? なぜなら、そもそも世に在るとは、評価を下し、判断を下すことにひとしいからだ。この権利を放棄するには、意志の鈍麻や怯懦《きょうだ》のせいでないかぎり、誰も応じる気にならぬほどの努力を要するのである。

＊

どんな形をとるにしても、先を急ぐということには、たとえ善を志向する場合であれ、何か精神の変調を窺わせるものがある。

＊

もっとも濁りの少ない思念とは、私たちの日常のごたごたの合間に、つまりあれこれの揉めごとの途絶えた、人間の悲惨の中休みともいうべきあの贅沢な瞬間に、ふっと現れる思念だ。

＊

仮想された苦痛には、比較を絶したなまなましい現実性がある。というのも、人間はその種の苦痛への欲求を絶えず抱いていて、片時も手離すことができず、つぎつぎに編み出しているのだから。

＊

無益なことは何ひとつしないというのが、もし賢者の特質であるのならば、どこの誰にも、叡知において私を凌駕することはできないだろう。私などは、有益なことにさえ身を落とす気がないのだ。

＊

堕落した動物、動物の屑《くず》というものを想像することは不可能だ。

＊

もし人間以前の世界に生まれることができていたら！

＊

神の定義の精度を高めるという仕事だけで、人びとが忙殺されていた諸世紀を、どうかして軽蔑してしまおうとするのだが、うまく行ったためしがない。

＊

しかるべき理由があるにせよ、ないにせよ、精神の衰弱に落ちたとき、そこから脱《ぬ》け出す一番たしかなやりかたは、一冊の辞書を、それもなるべくなら、ろくに心得のないような外国語の辞書を手に持ち、これから先絶対に使うことはあるまいという言葉ばかり注意ぶかく選《よ》って、あの言葉、この言葉とその辞書を引きまくることだ。

＊

怖るべきもの。人間は、怖るべきものの手前がわで生きている時なら、まだそれを表現すべき言葉を探しあてることができる。だが、ひとたび怖るべきものを内側から知ったならば、たちまち一片の言葉さえ見つからぬ羽目になるであろう。

＊

限界つきの心痛などというものはない。

＊

慰めるすべもない心痛は、さまざまな形を採《と》るが、どれもいずれは流れ去ってゆくものである。だが、そうした心痛を生み出した母胎は、どこまでも存続してゆくだろう。何ものもこの母胎を制することはできない。難攻不落であり、不壊《ふえ》である。それは私たちの宿命《ファトゥム》だ。

＊

ボシュエの説いたように、自然は私たちにそういつまでも、「貸し与えた少々の質料」を貸したままにはしておかない。狂乱の時も悲嘆の時も、それを思い出すことだ。「少々の質料」――そこに思いをひそめれば、人は心の凪《なぎ》に到り着くだろう。ただし、知らずにすめばそれに越したことはないような凪にである。

＊

奇矯な言辞は葬式では通用しない。結婚式でも誕生の祝いでもだめである。不吉な事件――またはグロテスクな出来事――には、きまり文句が要る。怖るべきものは、悲痛なものとともに、常套句にしかなじまないのである。

＊

どんなに醒めていたところで、なんの希望もなく生きることは不可能だ。人はみずからもそれと知らぬまま、つねになんらかの希望を抱いて生きている。そしてその無意識の希望は、人が棄て去るか使い果たすかした、他の顕《あら》わな希望の埋めあわせをする。

＊

齢《よわい》を重ねるにつれて、人間はわが身の消滅を、はるか遠方の、極度にありうべからざる出来事として語るようになる。あまりにも深く、生きるという習癖に染まってしまったので、死に対して適性を欠くことになったのだ。

＊

珍しくも正真正銘の盲人が、喜捨に手を差しのべていた。盲人の物腰、その硬直した軀《からだ》つきには、何か人をぞっとさせ、息の根を止めるようなものがあった。そのとき彼は自分の盲目を私たちに伝染《うつ》したのである。

＊

私たちは子供か狂人にしか、率直たることを許そうとしない。ほかの人間が子供や狂人のまねでもしたら、遅かれ早かれ後悔することになるだろう。

＊

〈幸福に〉生きようというのなら、いつも心に、免れえたさまざまな災厄を描き出してみる必要がある。これは記憶力にとって償いの一助ともなるはずだ。というのも、記憶力はつねづね、免れえなかった災厄のことばかり蓄《た》めこんで、幸福を冷遇するべく努め、みごとに成果をあげているからである。

＊

眠られぬ一夜を明かしたあとでは、通行人は自動人形にしか見えない。誰ひとりとして、呼吸し、歩行しているようには映らない。全員がぜんまいで動いているかのようだ。一片の自発性も見あたらぬ、機械仕掛けのほほえみと、亡霊の身振りだ。——おまえ自身が亡霊なのに、どうして他人たちが生命《いのち》あるものと見えようか？

＊

なんの実りも結ばずにいる——しかも溢れるほどの感覚を享受しながらだ！　永遠の、言葉なきポエジー。

＊

純粋な、いわれのない疲労感、賜物のように、天災のように降ってくる疲労感、私がおのれの本体を取り戻し、自分が〈わたし〉だと分かるのは、そうした疲労感を介してのことである。これが消滅してしまうと、私はもはや一個の無機物であるにすぎない。

＊

民間伝承のなかで、まだ生命を保っているのは、すべてキリスト教以前に根のあるものばかりだ。――私たちがそれぞれ、抱え持っている生気あるものも、なべてその通りである。

＊

嘲笑を怖れるような人間が、善であれ悪であれ、とことんまで行き着くことはありえない。かならず才能の手前がわで止まってしまう。たとえ天才に恵まれていようとも、なおかつ彼は凡庸の域から出られないであろう。

＊

「君のもっとも充実した激務の最中に、ほんの一瞬でもいいから、立ち止まって自分の心を〈覗きこんで〉みるがいい」――こんな忠告は、自分の心を夜となく昼となく〈覗きこんで〉いる人間たちには、確実にお門《かど》ちがいである。その種の人間は、一秒たりとも仕事を中断する必要がない。そもそも仕事など一向に開陳してみせる気がないからである。

＊

信仰を持つにせよ持たぬにせよ、神と差し向かいで、孤独のうちに育まれたものしか、永続することはない。

＊

音楽を熱愛することは、それだけで、すでにして一個の告白である。音楽に入れあげている見知らぬ人間のほうが、毎日のように顔をあわせてはいるが、音楽に冷淡な人間よりも、はるかに身元が割れているといってよい。

＊

あらゆる瞑想には、くだくだしい繰り言への傾きがある。

＊

神の綱に曳かれて歩んでいたころ、人間は実にゆったりと前進したものだった。あまりにゆったりしていて、前進しているのに気づかぬほどであった。もはや何者の陰《かげ》にも寄らぬようになって以来、人間は先を急いでおり、しかもそのことを嘆いてやまず、昔日の歩調を取り戻すためなら、何を引き換えにしてもいいと考えている。

＊

生まれ出ることによって、私たちは死ぬことで失うのと同じだけのものを失った。すなわち、一切を。

＊

飽き足りることーーたったいまこの言葉を発音したばかりなのに、すでに私は、何ごとについてそう言ったのか、分かっていない。それほどこれは、私の感じること考えることの一切、私の愛するもののすべて、嫌悪するもののすべてに、飽き足りることそれ自体に、しっくりと嵌《はま》る言葉なのだ。

＊

私は人間をひとりも殺したことがない。私のやったことはそういう事態を超えている。私は〈可能事〉を殺してしまったのである。そして私はあのマクベスのように、祈ることをもって一番の喫緊事としながら、なおマクベスと同様、アーメンということができないでいる。

IV

どの一発も的に届かない弾丸《たま》を放ち、誰もそれと気づかぬような形で万人に攻撃をかけ、結局は自分だけがやられるはずの毒矢を射る！

＊

いつも私が考えられるかぎり辛《つら》く当たるXは、だからといって私を怨んではいない。彼は誰をも怨もうとしない男なのだ。どんな悪口雑言でも、彼は許してしまう。それら雑言をひとつとして脳裡に止《とど》めようとしない。なんという羨ましい奴だろう！　Xと肩を並べるには、いくつもの生涯を駆けめぐり、私の持っている移住の可能性を、すべて使い果たさねばならないだろう。

＊

自転車に乗って何ヶ月ものあいだ、フランス各地へ出かけていったころ、私の一番の楽しみは、田舎の墓地に足を止め、二つの墓石のあいだに身を横たえて、何時間もそのまま煙草をふかしていることだった。私の生涯の、もっとも活動的な時期として、そのころのことを考える。

埋葬のとき、会葬者が吼《ほ》え哮《たけ》るような国からやってきて、どうしたらおのれを抑えることができようか。どうすれば自己統御などが可能なのだ？

＊

戸外に足を踏みだすやいなや、たちまち自分の名を口ぐちに呼ぶ声がする、時にそういう朝があるものだ。私は本当に私なのか？　まちがいなくそれは私の名前なのか？　そのとおり、私の名は空間いっぱい充ちて、通る人ごと、異口同音にそれを連呼している。街中が、郵便局で隣の電話ボックスにいる女までが、私の名を高らかに呼ばわっている。

＊

不眠の夜は、私たちの良識と謙譲の最後の残《のこ》り滓《かす》まで食らいつくし、もし嘲笑を怖れる気持ちが急場を救ってくれなければ、私たちはきっと正気を失くしてしまうにちがいない。

＊

彼の、油と金属でできたような眼、彼の諂《へつら》い、むきだしの策略、奇妙にも隠しだてのない偽善、一目瞭然のごまかし、要するに下司下郎《げすげろう》と狂人の混合体……私は好奇心と嫌悪とをこもごもにそそられる。白日の下での、詐欺と破廉恥だ。彼の不誠実は、言動のすべてにわたって露呈している。いや、そういったのでは正確さを欠く。なぜなら、不誠実というのは真実を隠すことであり、つまりは真実を知っていることにほかならないが、彼にあっては真実の痕跡の一筋も、真実の観念の一片も、真実の影のひとかけらも見あたらないからだ。反面、虚偽もまたそこにはない。汚辱にまみれた苛烈さと、欲得ずくの痴呆状態、それだけである。

＊

深夜近く、ひとりの女が泣きながら路上で私に話しかけてきた。「あいつら、あたいの亭主を殺しやがった。フランスってのはいやらしい国だよ。あたいはブルターニュ人だからよかったけどね。あいつら、子供たちを攫《さら》っていきやがって。あたいに半年も毒薬を呑ませやがったんだよ……」

すぐには狂女だと分からなかった。それほど彼女の悲嘆はほんものに見えたのだ（それに、ある意味ではそれはほんものの悲嘆だった）。たっぷり三十分、私は彼女の独白を聞かされた。お喋りが慰めになったのだろう。そこでようやく私は女を路上に残して歩きだした。もし私が通行人の誰かれを摑《つか》まえて、自分の憤懣《ふんまん》をぶちまけはじめたら、狂女と私とになにほどの差違もなかろうと考えながら。

＊

東欧の某国の教師が語ったことだが、農民だった彼の母親は、彼が不眠症に悩まされていると聞いて驚き呆《あき》れたという。なかなか寝つけないようなことがあると、母親は、風に波打つ広い麦畑を思い浮かべるだけで充分だった。たちまち眠りに引きこまれたのだそうだ。

どこかの街の情景を思い浮かべてみても、とてもそんな上首尾には至らなかったであろう。都会人が、何はともあれ瞼《まぶた》をふさぐことができるのは、まったく不可解な奇跡とさえいっていいことだ。

＊

その居酒屋は、村はずれにある養老院の老人たちが溜《たま》りにしている店だった。老人たちはそこで、片手にグラスを持ち、お喋りもせずにたがいの姿を眺めあっていた。そのうちにひとりが、なんだかよく分からないが、可笑《おか》しみを狙ったらしい話をはじめた。誰も聞く者はいない。少なくとも誰ひとり笑わない。老人たちはみな、長の年月、こうしたところまで落ちるために、あくせくと働いてきたのだ。田舎では昔、枕を使って老人を窒息させたものだという。賢明な処置であり、各家庭がそうした流儀に磨きをかけていた。老人たちを寄せ集め、柵のなかに閉じこめ、退屈を救ってやったあげく痴呆状態に追いこむのよりは、はるかに人間らしい手立てではないか。

＊

聖書の説くところを信ずるなら、はじめて都市というものを造ったのはカインだという。しかもそれが、ボシュエの注解によると、おのが悔恨を和らげる場所を求めてのことだった。なんというみごとな見識だろう！　夜ごとの街歩きのさなかに、私はいったい何度、この見識の正しさを確認したことだろう！

＊

ある晩、階段を上る途中、真の闇のなかで私は、外と内から突きあげてくる打ち勝ちがたい力に引きとめられた。ただの一歩も先へ踏み出すことができず、石と化して私はその場に釘づけにされた。不可能性――このよく普及した言葉が、常になく時宜を得て脳裡を走り、私自身の正体を、またその言葉自体の真の姿をあきらかに照らし出してみせた。この言葉は、それまでにも何度か私を救ってくれたが、そのときほど鮮烈ではなかった。ようやく私も、不可能性という言葉の意味を、永続的に理解することができたのだ。

＊

むかしホテルの掃除婦をしていた女に、「どうだい、調子は」と声をかけると、立ち止まりもせずに、「経過順調といったところだね」と答えてきた。この月並みをきわめた返事に、私は涙の出るほどの衝撃を受けた。

生成、変転、経過などにかかわる言いまわしは、使い古されたものであればあるほど、時として一個の啓示の域にまで達することがある。本当をいえば、その種の言いまわしがある特殊な精神状態を創り出すわけではなく、私たちのほうがそれと知らずに、そういう例外的な精神状態にあり、世の常ならぬものが出現するためには、ほんのわずかな合図が、ちょっとした口実があれば充分なのである。

*

私たちは田舎住まいだった。私は小学校に通っており、これは重要な点だが、両親と同じ部屋に寝起きしていた。夜、父は母に本を読んでやる習慣があった。父は司祭だったが、どんな本でも頓着せずに読んだ。おそらく、私が年齢的にまだ何も理解できないと踏んでいたのだろう。ふだんは私も耳を傾けようとはせず、すぐに眠りこんだが、何か心を捉えるものがあるときは別だった。ある晩、私は聞き耳を立てた。話はあの怪僧ラスプーチンの生涯で、父親が死のまぎわに息子を呼んで、こんな風に言い残すところだった。「さあ、サンクト・ペテルブルグへ行くがいい。行って街の支配者になるがいい。何があってもしりごみするんじゃない。誰も怖れるな。神なんてものは、おいぼれの豚野郎なんだからな」

私の父は、冗談で聖職についていたわけではない。そういう人間の口からこんな凄まじい言葉を聞かされては、私も火事か地震にでも遭ったような衝撃を受けずにはいられなかった。しかしまた私は、五十年以上も昔のことなのに、その衝撃のあと、えたいの知れぬ愉悦がやってきたのをまざまざと覚えている。あえてそれを、よこしまな愉悦とはいわぬとしても。

＊

ここ何年かのうちに、私は二つ三つの宗教にかなり深入りしたが、そのたびに〈改宗〉の瀬戸ぎわで引き返してしまった。自分を欺くことになるのが怖ろしかったのである。私から見てどの宗教も、復讐がひとつの必要事であり、考えられるかぎり激しく、かつ深刻な、喫緊の行為だと認めるほど、そして各人がたとえ言葉の上だけでも、この必要を充たさねばならぬと断ずるほど、自由ではなかった。復讐心を抑えこんでしまえば、重大な精神の混濁に陥ることになる。多くの——おそらくは一切の——心の変調は、復讐をあまりにも長く延期したことに起因する。爆発するすべを知ろうではないか！　いかなる不快感も、貯金のように蓄めこまれた憤怒よりは健康である。

＊

屍体公示場における哲学。「甥《おい》の一生って、ほんとに失敗ばかりだったわ。成功していたら、こんな始末にはならなかったでしょうよ」――ある太った娼家の女将《おかみ》がいった。私はこう答えた。「いや、成功してもしなくても、結局はおんなじことですよ」。すると彼女は、何秒か考えこんだのち、「そのとおりね」と答えたのである。こんなたぐいの女から、かくも予期せぬ同意を与えられて、私はほとんど友の死に匹敵するほどの心の動揺を覚えたものだった。

*

精神上、肉体上の欠陥を持つ人たち……私には、彼らの経てきた曲折こそが、何にも増して、未来というものを鮮やかに照明するように思われる。彼らだけが未来を垣間みさせ、解読させてくれるのではなかろうか。彼らの功績をないがしろにするのは、来《きた》るべき日々を叙述する資格を永久に失うことにひとしい。

*

「Nのやつ、何ひとつ造り出したってことがない。困ったものだ」と君はいった。
「そんなこと、どうでもいいじゃないか。Nは生きているんだからな。奴が本なんかひねり出して、計画の〈実現〉なんてどじなまねをしてたら、僕ら、さっきから一時間も奴のことを喋ったりはしなかったろうさ。仕事をするという利益《りやく》より、どこかの誰かであることの利益のほうがずっと貴重なんだ。創るのなんぞはたやすいことだよ。むずかしいのは、傲然として自分の才能を行使しないことさ」

＊

同じシーンを何度も撮り直し、またはじめから撮り直ししている。通りかかったあきらかに地方人とおぼしい男が、呆れかえったという様子でいった。「こんなものを見せる気なら、おれ、二度と映画になんぞ行かねえからな」

裏面も覗き、秘密も知りつくしたことについては、何によらずこの地方人のように反応してしかるべきなのだ。だが、奇跡とも見紛う迷妄のせいで、婦人科医が自分の患者に首ったけになり、墓掘り人夫が子供を生《な》し、不治の病人があれもこれもと計画を立て、懐疑論者がものを書くという始末になる……

＊

ユダヤ教の聖職者の息子であるTは、現代のような未曾有のユダヤ人迫害の時代に、教団に採用され、教会堂で称されるに足りるような独創的な祈りが、ひとつとして生まれないとは、と嘆息していた。私は、そんなことで悲しんだり驚いたりするのは、するほうがまちがっていると保証してやった。巨大な災厄は、文学や宗教の次元では何ものをも生み出さないのである。中ぐらいの災難こそが実りゆたかなのだ。なぜなら、それはひとつの出発点となりうるからである。あまりにも完全な地獄は、楽園と同じように不毛である。

私は二十歳《はたち》だった。一切が重圧となって私にのしかかっていた。ある日私は、いわゆる〈精も根も尽き果てた〉のていたらくで、長椅子に倒れこんだ。

母はすでに私の不眠症を心配して気も狂わんばかりだったが、いま、私の〈安眠〉のために、ミサを一つあげてもらってきたと告げた。一つといわず三万のミサを、と私は叫びたいところだった。あのカール五世が、もっとはるかに長い安眠のためにではあるにせよ、遺書に書きこんだ数字のことを考えながら。

＊

四半世紀をへだてて、私は偶然のことから彼に再会したのだった。彼は変わっていず、無疵《むきず》だった。昔よりも若々しく、むしろ青春期のほうへ戻ったような気味さえあった。

歳月の爪跡を逃れ、年齢相応の汚れや皺《しわ》の攻撃をかわすことができたのは、どこの隅っこで小さくなっていたせいか、どんな策略を弄したおかげなのか？　そしていったいどんな風にして生きてきたのだ、もし、何はともあれこの男が生きてきたのだとすればだ。むしろこれは幽霊だ。きっとこの男、いかさまをやったのだ、生者としての義務を果たさず、ゲームを規則どおりにやり通さなかったのだ。幽霊、まさにそうだ、その上、木戸銭をごまかした入場者だ。彼の顔にはどんな破壊の痕もないし、亡霊ならぬ現実の、歴とした個人たることを証《あか》す、いかなる徴《しるし》もない。彼になんといってやるべきか分からず、気が塞《ふさ》ぎ、恐怖をさえ覚えた。誰であれ、時間から逃れえている者、あるいは単に時間をはぐらかしている者は、それほどにも私たちを狼狽せしめるのである。

＊

ルーマニアの、生まれた村に住みついて、子供のころの思い出話を綴っていたD・Cは、隣に住むコーマンという名の農夫に、君のことも忘れずに書いておいたよと告げたところ、翌日、朝早くコーマンがやってきて、こんなことをいったという。「おれはつまらねえ男だと自分でも分かっているけど、本に書かれるほど落ちぶれちゃいねえつもりだ」

口伝えの世界は、現代世界に対して、なんとみごとに優越していたことだろう！　人びとは（いや、民衆はというべきだった）、書かれたものを烈《はげ》しく嫌悪するその期間だけ、真なるもののうちに在ることができるにすぎない。書かれたものの偏見に染まったとたん、彼らは偽りの世界に入る。かつてのさまざまな迷信を失って、古い迷信を全部束にしたのより、もっとたちの悪い新規の迷信を手に入れてしまうのである。

＊

どうしても寝床を離れることができず、ベッドに釘づけになったままで、記憶の変幻に身をゆだねてみる。カルパチア山脈のあたりを、幼年の私がさまよい歩くのが見えてくる。ある日、私は一匹の犬に行き会った。飼い主が、おそらく厄介ばらいのつもりなのだろう、一本の木の根もとに犬をつないでおいたのだ。犬は骨が透けて見えるほど痩せ衰え、生命《いのち》のほむらはすっかり消えかけていて、私をじっと瞶《みつ》めるだけの力しかなかった。身じろぎもできないのだ。それでいて犬は、四つ足で立っていたのだった……

＊

見たこともない男が入ってきて、私の知らぬ何者かを、いま殺してきたという。警察に追われてはいないらしい。まだ誰もその男に嫌疑をかけてはいないのだ。彼が人殺しだと知っているのは私だけである。どうすべきか。密告しにゆく勇気も卑劣さも、ともに私にはない（男は私に秘密を打ち明けたのだから、密告は卑劣である。しかしその秘密たるや！）。男の共犯になったという意識があり、逮捕され処罰されてもしかたがないと観念した。一方、それもずいぶん馬鹿な話だな、という思いもある。いずれにせよ多分私は密告するだろう。目が覚めるまでずっとそんな風であった。

終止符を打てないのが、優柔不断な人間の特質である。この種の人間は、生活の次元で何ひとつ果断に決めることができない。夢のなかではさらに駄目で、逡巡、怯懦《きょうだ》、猜疑がとめどもなく続く。非の打ちどころのない悪夢の適格者というべきである。

＊

野生動物を撮った映画を見る。ありとあらゆる地域での、休息を知らぬ残忍の劇。天成の拷問人である〈自然〉は、おのれの優越、おのが仕事の優越に酔い、狂喜しているかのようだが、それも無理はないのだ。毎分毎秒、生きとし生けるものは震えおののき、また他者を震えおののかしめている。憐れみなどは珍奇なる贅沢品であって、生物のなかでも一番の裏切り者、残忍の筆頭者たる人間だけが抱きうる感情だ。しかもそれがみずからを罰し、苦しめ苛《さいな》みたいという欲求に発したものなのだから、やはり残忍性の産物とするほかはない。

＊

とある教会の入口に張られたポスターが、〈フーガの技法〉という催しを予告している。そのポスターに何者かが、大きな字で、神は死んだと落書きをした。ところでそれは、たとえ神が死んだと仮定しても、なおその神は、私たちがしかじかのカンタータを聴き、また、ほかならぬフーガに聴き入るそのあいだだけは、蘇ることができると証明した音楽家のポスターだった！

＊

一時間あまり、私たちは席を共にした。この時間を彼は有効に使って、自己顕示をやってのけた。そしてそれは、彼自身をめぐる面白い話題をつぎつぎに出すという形で、まことに上首尾に運んだのだ。彼がもし、いかにももっともな賛辞だけでわが身を称《たた》えたとしたなら、私としてもうんざりなので、数分後には彼を置き去りにしたろう。大いに誇張し、ほら吹きの役割をみごとに果たしたせいで、彼はじりじりと機智の域にまで迫り、あとわずかで機智の人となるところだった。利口な人間に見えたいという熱望は、あながち利口さを損なうものではない。脳の弱い人間でも、他人の度胆をぬきたいという欲望があるかぎり、人を煙《けむ》に巻くくらいのことはできるし、叡知の域に達することさえありうるのだ。

＊

すでに長老の齢《よわい》を過ぎたXは、長時間、面とむかって大勢の人間たちに食ってかかったすえ、私にいったものだ。「わしの生涯の一大弱点といえば、どんな人間をも、かつて一度も憎んだためしがないということだろうな」

憎悪の念は年齢に応じて減ったりはしない。むしろ増大するのである。老いぼれ爺の憎悪ときたら、ほとんど想像を絶するほど肥大しているはずだ。昔日のさまざまな愛情はすっかり冷えてしまい、彼はいまや全能力を傾けて怨恨に身を捧げている。その怨恨たるや、奇跡かと目をこするほどにも精気汪溢《おういつ》して、減退した記憶力や衰弱した理性のあとにまで堂々と生き残る始末である。

……老人たちとの交際にともなう危険は、彼らがあまりにも解脱《げだつ》に縁遠く、とてもそうした境地には至りそうもないのを見て、老人たちが持つべくして持っていない長所を、ことごとく自分が備えているように思いこむ点にある。その結果、倦怠感や嫌悪感なら、老人たちより自分のほうがずっと進んでいるんだと、事実にせよ幻想にせよ思いこむことは不可避であり、これが慢心をかきたてるのである。

＊

家庭にはそれぞれ哲学というものがある。若くして逝った私の従弟が、かつてこんなことを手紙に書いてよこした。「すべてはずっと昔からこんな風にしてあり、おそらくはこの世に何もなくなるときまで、すべてがこんな風であるのでしょうね」

私の母もまた、書いてよこす手紙の末尾に、きまって次のような遺書めいた文句をつらねたものだった。「人間はどんなことを企んでも、遅かれ早かれそれを悔いることになるでしょう」

この悔恨の悪癖は、こうしてみると私が独力で、幻滅の苦汁から汲み上げたなどと自慢できたものではない。それは遠くこの私に先駆し、わが一族の世襲財産をなすものであるらしい。幻想を抱く資質がないとは、また奇妙な遺産ではある！

＊

私の生まれた村から数キロメートルのところ、丘の高みに沿って、ジプシーだけの住む小さな村があった。一九一〇年、ある人種誌学の愛好家がこの村にやってきた。写真家をひとり連れている。愛好家は首尾よく村人たちを呼び集めることができ、村人たちは、そこにどんな意味があるのかも知らぬまま、写真を撮らせることを承諾した。そして写真家が村人たちに、じっと動かずにいてくれるよう頼んだ刹那、ひとりの老婆が大声をあげた。「用心しなよ！こいつら、あたしたちから魂を抜き取ろうっていうんだよ」。たちまち全員がふたりの外来者に飛びかかり、ふたりは命からがら逃げ出したという。

このなかば未開のジプシーたちの心と軀《からだ》を借りて、このとき言葉を発したのは、彼らの発祥の地、インドそのものではなかったろうか？

＊

おのが父祖たちにむかって絶えまない叛乱を試みつつ、生涯を通して私は、ルーマニア人以外の者になりたいと希ってきた。スペイン人に、ロシア人に、また食人種に……現実の自分以外のあらゆる者に。あるがままの自分に差をつけたい、現状以外のありとある身の上になりきってみたいと空想するのは、常規、原則からのずれにほかならない。

＊

サンスクリットで〈絶対〉を指す語を、ほぼ残りなく収載したリストを眼にした日、私は自分が道をあやまり、国をまちがえ、母国語をも選びそこなったことを卒然と悟った。

＊

ある女友達が、長い年月にわたる無音のすえ、もう余命いくばくもないという意味の手紙をよこし、「〈未知のもの〉のなかへ入る」支度をしている、と書いてきた。……この常套句に私はぎくりとした。死によって人間が何のなかへ入るのか、私にはいまだに判然としていない。どんなたぐいの断言も、この場合、当を得ないように思われる。死は状態ではなく、おそらくは移行ですらない。すると死とは何なのだ？　私はいったいどんな常套句で、この女友達に返事を出したらいいのだ？

＊

同一の主題について、同一の出来事について、一日のうちに私は十回も、二十回も、三十回も意見を変えることがある。しかもそのたびに、まるで最下級の詐欺師のように、私はあつかましくも〈真実〉という言葉を発するのだ！

＊

まだ頑健そうなその女は、大男の、ひどい猫背の、茫然と目をみひらいた夫を引きずっていた。さながら夫が中生代の、卒中にやられて哀願する梁竜《りょうりゅう》でもあるかのように、引きずっているのである。

一時間ののち、また別の光景に出会った。きわめて身なりのよい老婆で、極端に腰の曲がったのが、〈前進〉していた。軀は完全な半円形を描いている。ことの勢いからして、老婆は地面ばかりみつめることになり、どうやら、想像を絶するほどのろい自分のあわれな歩行を、一つ一つ数えているかのようだ。あんよを習っているといってもよく、軀を移動させるには、どこへ、いかにして足を運べばいいのか分からず、恐怖しているといってもよい。……ブッダのほうへ近づけてくれるものなら、私にはすべてが良いのである。

＊

白髪をいただいているのに、彼女はまだ街で客を引いている。カルチェ・ラタンで、私はよくこの女に出会った。朝の三時ごろというのが多い。彼女の手柄話や奇聞のたぐいに耳を傾けないと、なかなか帰る気になれなかった。奇聞も手柄話も私はもう忘れてしまったが、ある晩、その辺に寝ている〈虱《しらみ》たかりども〉に対して、私が毒づきだしたとき、人差し指を天に向けて、「じゃあ、あすこにいる虱たかりはどうなんだい」と打ち返してきた、その間髪を入れぬ呼吸のことは忘れていない。

＊

「一切が土台を欠き、実質を欠いている」——この言葉をくりかえし口にするたびに、私は何かしら幸福に似たものを実感せずにはいない。困ったことには、これを口にするまでに至らない瞬間が山とあるのだ……

V

この人の書くものが、どれもこれも、難破のときのような感覚を恵んでくれるので、私は愛読するのである。はじめのうちは、文意はよく理解できる。やがて、読み手は輪を描いて回りだし、いやに味気ない、恐ろしくもなんともない渦巻に巻きこまれ、これは沈むな、という直感があって、本当に沈んでしまう。だがこれは真の溺死ではないのだ。それではあんまり結構すぎる！　読者はまた水面に浮かぶ。息をする。つまり、ふたたび文意が摑めるようになったのだ。作者がどうやら何か言おうとしているらしいのに、読む者は仰天し、作者の言うことが理解できることにも仰天する。それからまた輪を描き、もう一度沈むのである。……書かれたことはすべて、深みを身上とするつもりであり、たしかに深みがあるようにも見える。だが、落ち着いて考えてみると、実は曖昧・晦渋《かいじゅう》であるにすぎないと知れるし、その上、真の深さと、巧《たく》みに巧んだ深さとの違いは、啓示と奇癖との違いほどにも由々しいものだと知れもするのだ。

*

ひとつの作品に打ちこんでいる者は、その作品が数十年の、数百年の歳月に耐え、時間そのものを越えてまで生き残るにちがいないと――それと意識せずに――信じこんでいる。制作の最中に、自分の作品がいずれ滅び去るのだと実感したなら、途中で放り出してしまい、とても完成までこぎつけられはしない。活動性と欺瞞とは相関語をなしている。

＊

「笑いが消え、ついでほほえみが消えた」

アレクサンドル・ブローク[*10]の伝記作者の、一見して素朴とも映るこの記述は、あらゆる衰退の構図をこの上もなく的確に定義している。

＊

信者でもなく無神論者でもない場合、神について語るのは容易なことではない。ところで、神学者諸公をも含めて、もはや信者でも無神論者でもありえないというのが、私たちみんなの悲劇なのではあるまいか。

＊

作家にとっては、解脱《げだつ》と救済へむかう歩みは比類のない災厄である。作家は他のどんな人間にも増して、みずからの弱点を必要とする。弱点を制圧してしまえば、作家は破滅だ。だから作家は、めったに向上などしないよう気をつけねばならない。そんな羽目にでもなったら、苦い後悔に身を苛《さいな》まれるにちがいないのだ。

＊

みずからの正体を照らす明知の光を警戒すべきである。自己を深く知ることは、私たちのなかに棲《す》む魔神の気分を殺《そ》ぎ、活力を麻痺させてしまう。ソクラテスが何も書かずに終わった理由は、そこに求めるべきであろう。

＊

駄目な詩人がいっそう駄目になるのは、詩人の書くものしか読まぬからである（駄目な哲学者が、哲学者のものしか読まないのと同じことだ）。植物学や地質学の本のほうが、はるかに豊かな栄養を恵んでくれる。人は、自分の専門を遠く離れたものに親しまないかぎり、豊饒にはなれない。ただしこのことは、いうまでもなく我《が》が猛威をふるっている領域でしか、真ではありえない。

＊

テルトゥリアヌスの伝えるところによると、癲癇《てんかん》病《や》みたちは、病を癒そうとして、「闘技場で喉を裂かれた罪人たちの血をむさぼり吸いに」行ったものだという。

　わが本能の教えるところでは、これこそ、あらゆる種類の病気に関して、私が採るべきただひとつの治療学であるらしい。

＊

　自分を化け物あつかいした人間にむかって、腹を立てる権利が私たちにあるだろうか。化け物は定義からして孤独であり、孤独というものは、よしんば汚辱にまみれた孤独であってさえ、何かしら積極的なものを予想させ、いささか特殊な選抜ではあるけれども、否定すべくもない選抜のありかを思わせるのである。

＊

　ふたりの敵とは、分割された同一人物である。

＊

「その人の身になってみるまで、誰に対しても判断を下すな」

　この古い格言は、あらゆる判断を不可能にするものである。大体、私たちが何者かに対して判断を下すのは、まさに私たちが、その人間の身になるすべを知らぬからではないか。

＊

独立不羈《どくりつふき》を愛する者は、その態度を守ってゆくために、いかなる種類の醜行をも辞さぬようにせねばならず、必要とあらば最悪の破廉恥をも犯さねばならない。

＊

私たち各自のなかに棲む批評家ほどいやらしいものはなく、まして哲学者に至っては論外である。もし私が詩人だったら、あのディラン・トーマスのように振る舞うにちがいない。この詩人は、誰かが目の前で彼の詩を注釈したとき、床にころがって、身をよじりながら思うさま笑ったとのことだ。

＊

猛烈な行動家は、不正に不正を重ねながら、爪の先ほども悔恨など覚えはしない。あるのはただ不機嫌だけだ。――悔恨は行動しない人間の、行動できない人間のためにある。その種の人間に対して悔恨は、行動の代わりをつとめてやり、彼らの無能力に慰めをもたらすのである。

＊

幻滅の苦い後口《あとくち》は、おおかた、私たちの最初の思いつきに起因する。どんな小さな心の飛躍も、犯罪以上に高くつくことになるだろう。

*

人間が鮮明に思い出せるのは苦難だけなのだから、病人や被迫害者、あらゆる領域での犠牲者たちこそ、結局のところ、最大の利益《りやく》を得つつ生きたことになる。それ以外の、幸運に恵まれた連中は、たしかに一個の生涯を生きるけれども、その生涯の追憶というものを持つことはない。

*

人に強烈な印象を与えるだけの気前のよさを持たぬ者は、始末に困る。虚栄家は大体において苛立たしい人間だが、それにしても彼は一所懸命なのだし、努力することは努力している。たしかにうんざりする相手だけれども、自分ではうんざりさせまいと心から希っており、その点、虚栄家は感謝されていい。人びとは最後には虚栄家を我慢するようになるし、それどころか、ついには追い求める始末にもなるのだ。反対に、どんな形であれ、効果というものを狙おうとしない人間を前にすると、私たちは激怒に青ざめてしまう。そういう人間には、いったい何を言ってやればいいのだ？　何を期待してやればいいのだ？　私たちは多少なりとも猿の痕跡を保っているべきである。さもなければ家に引っこんでいることだ。

*

少なからぬ失敗が、企画することへの怖れよりも、成功することへの恐怖によって説明される。

*

短刀としての言葉で祈りをあげたいというのが、私の希いだ。不幸にして、祈りはじめるや否や、私たちは万人と同じように祈らざるをえなくなる。ここにこそ、信仰というものの最大の難点があるのだ。

*

みずから欲するときに自殺できると確信できなくなったとき、はじめて人は未来を恐怖するに至る。

*

ボシュエも、マールブランシュも、フェヌロンも、『パンセ』についてあえて語ろうとしなかった。明らかにパスカルは、彼らの眼には充分にまじめだとは映らなかったのである。

倦怠の解毒剤は恐怖だ。治療薬は病よりも強烈でなければならない。

*

もし私が、こうもありたいと希っている人物の水準にまで、上昇してゆくことができたら！　だが、歳月とともにいやまさる得体の知れぬ力が、私を下へ下へと引きずるのだ。自分の水面まで浮かび出るためにさえ、考えるだけで顔の赤くなるような策略を私は弄さねばならない。

*

何か侮辱を受けるたび、仕返しの衝動を一切遠ざけてしまうために、自分が墓穴にしんと納まっているところを想像する。そういう時期が私にはあった。たちまちにして私の心は和《なご》んだものである。自分の屍骸をあまり馬鹿にしないほうがいい。時に応じて大いに役に立つ。

*

あらゆる思想は、損なわれた感情から生まれる。

深さにおいて他者と並ぶ唯一の方策は、みずからの最深部まで降りてゆくことである。言いかえれば、〈高潔な〉と称される精神の持ち主たちと、まったく逆の道を辿ることだ。

＊

敬虔派の牧師の言葉に和して、私がこういったからとて別に不都合はあるまい。「ありがたいことに私は、生涯を通じて、何ものかを所有するまでは、全然そのものを欲しいと思ったことがない」

＊

人間と称する存在を許容したとき、自然は計算違いという以上のもの、すなわち、おのれ自身に向けられた重大な加害行為を犯したのである。

＊

恐怖は人を意識的にする。ただしこれは病的な恐怖であって、自然な恐怖ではない。そうでなければ、動物たちのほうが人間よりも高度な意識に到達しているはずであろう。

本来のオラン・ウータンとしては、人間は古参に属する。歴史を持つオラン・ウータンとしては、かなりの新参者だ。生の体系のなかで、いかに振る舞うべきかを習得する間《ま》のなかった成り上がり者だ。

＊

ある種の体験を経たあとでは、人間は姓名を変えるべきである。というのも、そのとき人はもう同一人物ではないからだ。すべてが別種の相をもって映る。手始めが死である。死は身近な、望ましいものと見え、人は死と和解し、モーツァルトが臨終の父に書き送った手紙にあるように、死を〈人間の最上の友〉とみなすようになる。

＊

苦痛を味わうのなら、その果てまで行かねばならない。苦痛をもはや信じることができなくなる瞬間まで。

＊

「欲望と憎しみに充ちた人間には、真理は永久に隠されてある」（ブッダ）
……つまり、すべての生者にはということだ。

＊

孤独に惹かれながら、なおかつ彼は俗世にとどまっている。柱のない柱頭苦行者だ。

＊

「わたしなんぞに賭けたのが間違いのもとさ」

こんな科白《せりふ》を吐けるのは誰だ。──神と、落伍者だ。

＊

私たちが成就したもの、私たちに源を発するものは、例外なくおのが出所を忘れたいと希っており、しかも私たちにむかって牙を剝くところまで行かなければ、その希いを達成することができない。私たちの収めた成功に、どれもこれも負《ふ》の記号が付いているのはそのためである。

＊

人は、どんな事についても、何ひとつ、言うすべを持たない。それゆえに、この世の書物の数には際限がないのだ。

＊

何度か繰り返された失敗でも、失敗にはつねに新味がある。ところが成功のほうは、度かさなるとすっかり興趣が褪《あ》せ、魅力が消えてしまう。不幸ではなく幸福が、ただし並外れた幸福が、気むずかしい、冷笑好きな人間を作るのである。

＊

「敵というものは、ひとりのブッダに匹敵するほど有益な存在だ」。たしかにそうなのだろう。なぜかといえば、敵は私たちを監視し、いいかげんな生き方を許してくれないからだ。私たちのどんな小さな弱点でも、敵はすかさず暴き出し、触れまわったすえ、私たちを一直線に救済のほうへ連れてゆく。敵が作りあげた私たちの像を、私たちが決して裏切らぬように、敵はあらゆる方途を尽くす。かくて、敵に対する私たちの感謝の念に、限度などがあってはならないのだ。

＊

強力な否定性を秘めた、破壊的な書物に抵抗し、その有害な効力に刃向かうにつれて、人は精気を取りもどし、いっそう強く存在に密着するようになる。その書物を否認するだけのエネルギーを掻きたてるのだから、強壮剤としての本とでも称すべきか。毒の含有量が大きければ大きいほど、効き目もあらたかだ。ただし条件がある。それらの本は、流れに逆らって読まねばならない。もっともこれは、すべての物について言えることであり、手近なところではあの公教要理がそうであろう。

＊

ひとりの作家にしてやれる一番有益な奉仕は、一定期間、彼に執筆を禁ずることである。短期間の圧制こそが必要なのであって、あらゆる知的活動を中断するという形を取ることになるだろう。まったく中断のない表現の自由は、才能ある書き手をおそるべき危機に追いこんでしまう。手持ちの資源をはるかに越えるところまで、才能を使い果たさせ、さまざまな情動や体験を蓄積することができないようにしてしまうのだ。際限のない自由は、精神に対する暴行にひとしい。

＊

わが身に向けられた憐憫《れんびん》は、いわれるほど不毛なものではない。ひとりの人間は、この憐れみの衝動を毛筋ほどでも感じたとたん、思索する人の姿勢になり、その上、世にも素晴らしいことには、思索するに至るのである。

＊

ストア派の格言によると、私たちは自分と直接かかわりのない事象に対しては、文句をいわずに屈従すべきだという。だがこの格言は、私たちの意志の統御から逃れた、外的な災厄しか考慮していない。私たち自身から生まれてくる災厄を、どんな風にすれば甘受することができるというのだ？　自分こそおのが苦しみの源泉そのものであるとき、私たちは誰に非難を浴びせたらいいというのか。わが身を責めるのか？　幸いにして私たちは、自分が真の犯人だということを忘れようとして、いろいろと工夫を凝らしている。それに、私たちが日ごとこの欺瞞と忘却を繰り返さないかぎり、人間の生活はとても堪えられたものではないのだ。

＊

生涯、私は、自分が本当にいるべき場所から遠ざけられている、と考えながら生きるのかもしれぬ。たとえこれまでのところ、〈形而上学的流謫《るたく》〉という表現になんの意味もなかったとしても、私の生活はそれだけで、この表現に一個の意味を与えることになるであろう。

＊

ある個人が、天賦の才に恵まれていればいるほど、精神の次元での歩みは遅々たるものになる。才能は内的生活にとって障碍《しょうがい》でしかない。

＊

〈偉大〉という語から因襲の影を拭い去るには、この言葉を、不眠症あるいは異端邪説に関してのみ用いるにしくはない。

＊

古代インドでは、賢者と聖者とがただひとりの人物に合流していた。こんな上首尾を想像するには、できれば諦念と恍惚との、冷たい禁欲家と髪振りみだした神秘家との融合を、私たちは脳裡に描いてみなければなるまい。

＊

存在そのものが胡乱《うろん》なものなのだ。すると、存在の逸脱であり、存在の衰微態である〈生命〉はどういうことになるのだろう。

＊

自分についての面白くない判断を耳にしたとき、いきなり腹を立てずに、自分が他人について並べたてた、ありとあらゆる悪口を思うべきだし、他人のほうで自分を悪しざまにいったとしても、それはお互いさまなのだと考えるべきだろう。毒舌家ほど傷つきやすく、悪口に敏感で、みずからの欠点を認めたがらない者はないというのは、まことに皮肉な話である。誰かがその悪口好きの男について、ちょっとした留保をつけたと告げてやるだけで充分だ。たちまち彼は自制心を失い、猛《たけ》りたち、思うさま怒りの発作に身をゆだねるにちがいないのだ。

＊

外から見れば、すべての徒党、宗派、党派には和合がゆきわたっている。内側から見れば不和の渦だ。僧院内部の紛争は、どんな社会におけるよりも烈《はげ》しく、毒々しい。人間は、たとえ地獄から脱走しようとも、また別の場所に地獄を再建することにしかならないのだ。

＊

取るにたりぬ改宗さえ、ひとつの向上として体験されるのが常だ。しかし、幸いにしていくつか例外というものがある。

私の好きな一八世紀ユダヤ教の一宗派では、キリスト教への帰依は堕落願望に基づいてなされた。また、同じく私の愛するある南米インディアンは、やはりキリスト教に改宗したのだが、自分の亡骸《なきがら》が子供たちに食われるのではなく、蛆虫《うじむし》どもの餌食になるのを嘆き悲しんだものだ。部族の信仰を捨てさえしなければ、彼はわが子たちに食われるという栄誉に浴したのであった。

＊

人間がもはや宗教一般には興味を示さず、多種多様な宗教に関心を寄せているのは当然のことだ。なぜなら、人間がおのれの精神的衰弱の諸相を理解するのは、まさにそれら諸宗教を介してのことでしかないからである。

＊

おのが生涯のさまざまな段階を振り返ってみても、見舞われて当然、いやこちらから期待して当然というような不運が、さっぱり見あたらない。そのことを確認するのは屈辱的だ。

＊

ある種の人びとは、余命がはや幾許《いくばく》もないらしいと読めたとき、良きにつけ悪しきにつけ気力を汪溢させて、猛烈な行動に飛びこんでゆく。自分の企てや仕事の成果を介して、永遠性を得たいと希うほど純真な彼らは、その企てや仕事を早く達成してしまおう、決着をつけてしまおうと狂奔する。

この同じ見通しが、別の人間たちを促して、〈それが何になる？〉という停滞した明察の境地へ、衰弱と無為の否みがたい真実のほうへ、崩れ落ちさせてしまうのである。

＊

「わたしの著作を将来再版するにあたって、文の一節、一語、一音節、一字、いや句読点一個といえども、故意に改竄《かいざん》しようとする者あらば、その者に呪いあれ！」ショーペンハウアーにこんな言葉を吐かせたのは、哲学者のほうか、それとも作家のほうか？　同時にこの双方であったにちがいないが、こうした結合はきわめて稀である（誰のでもいい、哲学者の著述の、あの胆《きも》をつぶすような文章を考えてみたまえ）。ヘーゲルのごとき人物が、こんな呪詛を口にしたなどとは考えられない。その他、第一級の哲学者をいくら思い浮かべても、まず無理だ。ただあのプラトンひとりだけを除いて。

＊

休みなく畳みかけて、相手に呼吸する間《ま》も、まして考えるいとまも与えないようなイロニーほど、いまいましいものはあるまい。それはもう、ひっそりと隠れた偶発的なイロニーではなくなり、鈍重かつ機械的な、繊細であるべき本来の特質とは正反対のものに成りさがっている。ドイツ人の用いるイロニーがまさにそれである。ドイツ人は、イロニーについてもっとも深く省察を凝らしてきながら、イロニーを使いこなすのが一番下手な人たちなのだ。

*

不安は、何かに誘発されて生まれるのではない。自分から正当な存在理由を求め、それを獲得するためなら手段を選ばず、どんな惨めな口実でも案出してしまい、一度案出できたら今度はそれにしがみつくのだ。おのれの多様な表現形態に先立つ即自的実在として、われとわが身を生み出し、創り出す。それは〈限りなき創造〉であり、それゆえ、霊魂の暗躍よりもむしろ、神性の策謀を喚起するものなのだ。

*

自動式の悲しみ。哀歌を奏でるロボット。

*

墓石の前に立てば、どうしても、遊び、詐欺、冗談、夢などという言葉が浮かんでくる。生存するということが、厳粛な事象だなどと考えるわけにはいかない。出発点にも、根底にも、ぺてんがあるのは確実だ。墓地の正面にはこんな風に記すべきだろう。「悲劇的なる何ものもなし。一切は非実在なり」

＊

かつては彼の顔であったもの、そこに刻まれた恐怖の表情を、口の辺《へ》の筋肉の引きつれを、すさまじい戦慄の痕を、何ものにも慰められぬ悲嘆を、攻撃の意志を、そうやすやすと忘れ去るわけにはいかない。彼には満足の様子は少しもなかった。私はいまだかつて、棺のなかであれほど安らぎを欠いていた者を知らない。

＊

前を見るな。後ろも見るな。恐れず悔いずに、おまえ自身の内部を見よ。過去や未来の奴隷となっているかぎり、誰にも自己のなかへ降りてゆくことはできない。

＊

ある人間にむかって、何ものも創らぬと非難するのは、優雅を欠いている。不毛こそが彼の悲願、彼の成就の一様式、彼の夢であるとしたら……

＊

ぐっすりと眠った夜は、あたかも存在しなかったかのような夜だ。私たちが眼を閉じることのなかった夜、それだけが記憶に灼《や》きついている。夜とは、眠られぬ夜のことだ。

＊

自分の実践上の困難を、私はことごとく理論的困難に変えてしまった。解決せずにすむようにとの配慮からである。解決不能のものを前にして、ようやく私は息をつくことができる……

＊

『ツァラトゥストラ』の作者について、私がどう考えているか知りたいといった学生に、もうずっと前から、ニーチェとの交際をやめていると私は答えた。なぜですか、と学生は聞いた。——ニーチェがあんまり愚直に見えだしたものでね。

私には、ニーチェのすぐ夢中になる態度がいやだし、彼の熱情までが気に入らない。彼は偶像を破壊したが、別種の偶像をかわりに押し立てた。贋《にせ》の偶像破壊者で、いつまでも青年じみた側面を残し、孤独な生涯を送った者に特有な、なんとも知れぬ処女性を、無垢なものを持っていた。彼は人間を遠くからしか観察していない。もっと近ぢかと寄って眺めていたら、超人などというものを思いついたり、喧伝《けんでん》したりはしなかったろう。この超人たるや、なんとも突飛な、グロテスクとはいわぬまでも滑稽きわまる幻想であり、順調に年をとる暇もなければ、解脱とか、ゆっくりと熟してゆく晴朗な嫌悪感とかを身につける暇もなかった、ある種の人間の心にしか湧き出ることのない妄想、気まぐれのたぐいであった。

私には、マルクス・アウレリウスのほうがはるかに身に親しい。狂乱の抒情詩と受容の散文とのあいだで、私はいささかも取捨に迷ったりはしない。電光閃々《せんせん》たる予言者のかたわらよりも、世に飽いたローマ皇帝のそばにいるほうが、私にはずっと慰めが得られるし、希望さえも抱くことができるのである。

VI

自分の魂の救済を、誰か別人に、なるべくなら〈聖者〉にゆだねるがよいという、インド人の考えかたが私は気に入っている。身がわりに祈ってもらうわけで、代行者は救いのためならどんなことでもしていいというのだ。つまり、神に魂を売り渡すのである……

＊

「才能には激情が要るのだろうか？　そうだ、大量の、抑圧された激情が要る」（ジューベール）
フロイトの先駆者に仕立てられない人間性探求者《モラリスト》は、ひとりもいない。

＊

偉大な神秘家たちが非常な多産家で、厖大な数の著述を遺しているのを見ては、驚かずにいられたものではない。おそらく彼らは、おのが著述で神を讃《ほ》めたたえようとしたのであって、他意はなかったであろう。部分的にはそれで正しい。しかし、あくまで部分的にである。

作品を創れば、人はかならずそれに執着し、その奴隷とならざるをえない。ものを書くとは、考えられるかぎりもっとも禁欲と縁遠い行為だ。

*

夜も更けわたってなお眠れずにいると、私は悪しき守護神の来訪を受ける。かつてフィリッピの戦いの前夜、ブルトゥスを訪れたたぐいの悪霊[*11]だ……

*

「いったいこの俺が、この世で何ごとかを果たす男の面《つら》をしているかね?」――私にむかって、どんな仕事をしているのかと尋ねる不謹慎な人間には、そんな風に答えてやりたいものだ。

*

隠喩は「図示することができなければならない」といわれる。――この一世紀、文学において独創と生命力の名に値したのは、すべてこの指摘にそむくものばかりだった。というのも、何ごとかすでに生命を終わったものがあるとすれば、それは輪郭の鮮明な隠喩であり、〈整合した〉隠喩であるからだ。詩はまさに、その種の隠喩に対して絶えず反逆してきたのであって、死んだ詩とは、整合性に打ちのめされた詩だといってもいいほどである。

*

天気予報を聞いていて、〈ちりぢりの雨〉（所によって雨）という言葉に深く感動した。ポエジーが私たちの内部にあり、表現形式にはないことを示す何よりの証拠である。たしかにちりぢりのという形容詞は、ある種の心の顫動《せんどう》を誘いがちなものではあるのだが。

*

何か疑いを抱いたとたん——正確には、何か疑いを抱く必要を感じたとたん、私はある奇妙な、いかにも落ち着きのわるい幸福感を味わう。疑いを一片も持たずに生きるよりは、信念のかけらもなく生きるほうが私にははるかに楽だ。心を荒廃させる疑惑、栄養の源たる疑惑！

*

贋の感覚などというものはない。

*

自己のなかへ還り、存在と同じぐらい、いや、存在よりももっと古い沈黙を見つけだすこと。

*

人が死を希うのは、漠然たる不安感に包まれたときだけである。明確な不安に襲われたとき、人は死から逃げる。

＊

たしかに私は人間を嫌悪しているが、同じような気安さで、人間存在を嫌悪しているとは言いきれない。なぜかというと、この存在という語には、何はともあれある充実した、謎めいた、魅惑的なものがあり、その点、人間という観念とはまるで違っているからである。

＊

『ダンマ＝パダ』には、煩悩からの解脱に達したければ、善悪双方の鉄鎖を断ち切らねばならぬと説かれている。善それ自体がひとつの枷《かせ》だというのだ。こうした思想を容れるには、私たちは精神面であまりにも後進のともがらである。したがって、私たちに諸欲からの解放はありえない。

＊

一切は、苦痛、苦悩をめぐって生起する。残余は二義的な、あえていえば存在しないに等しいものである。なぜなら、人は自分に苦しみを与えたものしか記憶しないからだ。苦しみの感覚だけが実在性を持つ以上、ほかの感覚を体験するのはほとんど徒労に近い。

＊

私はあの気違いカルヴァンとともに、人間が母の胎内で早くも、救済か永遠の刑罰かに予定されていると信ずる者だ。生まれる前に、人はすでにしておのれの生を生きてしまう。

＊

ある観点に立ち、ある立場を採ることを、すべて虚しいと見る者は自由だ。そこから結論を引き出した者には、もはや軛《くびき》がない。

＊

醜聞を惹き起こす性癖をぬきにしては、聖性というものは考えられない。これは聖者だけに該当することがらではない。誰であれ、おのれを顕示しようとする者は、程度の差はあれ、なんらかの形で挑発の嗜好を身に備えている。

＊

私は自分が自由だと感じているが、また、自由ではないことを知ってもいる。

＊

自分の辞書から、私は言葉を一つまた一つと抹殺していった。大虐殺のすんだあと、たった一語、災禍を免れた言葉があり、それが〈孤独〉というのであった。

満足して、目をさました。

＊

今日まで私がなんとか持《も》ち堪《こた》えてきたのは、もはやこれまでか、という失意の底まで墜《お》ちるたびに、もっと苛烈な新しい失意が襲いかかり、また新たな失意が、また、という風に連続してきたからである。もし私が地獄に墜ちでもしたら、地獄の支配圏がさらに数を増すようにと希うだろう。新しい、前のよりはずっと内容に富んだ苦難を当てにできるからである。これが、少なくとも人間の責め苦に関するかぎり、有効な政治学というものである。

＊

音楽が私たちのなかの何ものに訴えるのか、それを把握するのは容易なことではない。たしかなのは、狂気さえが浸透するすべを持たぬほど深い一地帯に、音楽が触れるということだ。

＊

人間は、身体などを引きずらなくてもよかったはずだ。我《が》の重荷だけで充分のはずだった。

＊

なにがしか事物に対する嗜好を取りもどし、〈魂〉を再生させるためなら、数度の宇宙周期にわたる眠りをも歓迎したい。

＊

ラップランド[＊12]から帰ってきた友人が、何日も何日ものあいだ、人影の片鱗にも行き会わぬときの息苦しさを語った。何が息苦しいのか、私にはどうしても分かりかねるが。

＊

超脱の理論家に祭りあげられた、皮膚のない人体標本、懐疑派のまねをして遊ぶ熱狂的ヤンセン教徒。

＊

ノルマンディのとある村で、葬式が行われている。遠くのほうから葬列を眺めていたひとりの農夫に、事情を聞いてみる。「まだ若くてなあ。やっと六十かそこらだろうよ。畑で死んでたんだがね。どうにも仕様がないよ。そんなものさ……そんなものさ……そんなものさ……」

このリフレインは、そのときは滑稽に思えたが、あとになって心に執拗につきまとった。あの好人物の農夫は、死について人間が語りうることをすべて、知っていることをすべて、自分が語ったのだと気づいてはいなかったろう。

*

私は門番の女房が読むようにして本を読むのが好きだ。作者になりきり、本と同化してしまうのである。ほかの読書法は、いずれも私に屍体解剖者を連想させる。

*

ある人間が、対象は何であれひとたび改宗を果たすと、人びとはまず羨み、ついで憐れみ、最後には軽蔑する。

*

私たちは二人とも、何も喋ることがなかった。そして私は自分が何か無意味な言葉を並べたているあいだ、地球が空間の底へ沈んでゆき、目眩《めまい》を起こすほどの速さで、私もまた地球とともに墜落してゆくような気がした。

＊

私以外の人間が、安心して身を委ねている眠りから覚めるための、長い長い年月。この目覚めから逃げるための、長い長い年月……

＊

必要からにせよ、好んでする場合にせよ、何か仕事を首尾よくなしとげねばならなくなると、着手したとたんに、すべてが重要なものに思われ、何もかもが烈《はげ》しく心をそそる。当の仕事以外のすべてがである。

＊

程なく余命が尽きようとして、わが身の終末を思いめぐらす時間以外は、すでに一切が廃止されたと知っている人間たちのことを考える。その時間に心を馳せること。古代ローマの剣闘士のために書くこと。

＊

自分の病弱や不具に、私たちの存在は腐蝕される。そこから生ずる空虚を充たすのは、意識の現存だ。――いや、冗談ではない、この空虚こそが意識であるのだ。

＊

あまりに美しすぎる土地に滞在すると、精神が退化してしまう。自我は、楽園と接触しているうちに溶け去ってゆくのだ。

最初の人間が、周知のような選択を行ったのは、おそらくこの危険を避けるためであった。

＊

一切を考えあわせた上でいうのだが、少なくとも今日までのところ、否定よりも肯定のほうが数的に優勢だったようである。心を痛めずにどんどん否定しようではないか。秤《はかり》の上では、つねに信条のほうに目方がかかっている。

＊

一個の作品の実質とは、〈不可能なもの〉である。――私たちが到達できなかったもの、人間には与えられるべくもなかったもの、人間に対して扉を閉ざしてきたもの一切の総計である。

＊

かつてゴーゴリは、〈甦生〉を得ようという望みを抱いてナザレに赴き、その地で〈ロシアのとある停車場〉でのように退屈したという。自分の内部にしか存在しないものを、外部に求めようとすれば、私たちは皆そういう羽目に陥るほかはない。

＊

自分が現にあるとおりの者であるゆえに自殺するのはよい。だが、全人類が顔に唾《つば》を吐きかけてきたからといって、自殺すべきではない。

＊

死後の虚無は、生誕に先立つ虚無と異なるところがない以上、怖れる理由はない。――死の恐怖を克服しようとする古代人たちのこうした論法は、慰めの言葉としてはとても承認しがたいものである。出生以前には、世に存在しないという好運にもあずかることができた。いまや私たちは存在しており、この存在の小部分、つまりは不運の小部分こそが、消滅することを烈しく怖れるのである。もっとも、小部分とは言葉が適切を欠くかもしれない。なぜなら、人間ひとりひとりが、宇宙よりもおのれ自身を愛しており、少なくとも自分を宇宙に比肩する者と考えているのだから。

＊

一切事象を非実在と見れば、見る者自身が非実在となる。活力がいかに旺盛で、本能がいかに絶対的なものであろうと、彼はついに生ける屍《しかばね》に似はじめるのである。このとき、本能はもはや贋の本能にすぎず、活力もまた贋の活力にすぎない。

＊

もしおまえが、われとわが身を蝕《むしば》むべく定められた人間なら、何をどうしようと、そのことを避けるすべはない。ごく些細なことが、深い心痛と等しい力で、おまえをその方向へ押しやるだろう。甘んじて、あらゆる時と所で、苦汁にまみれているがよい。おまえの宿命がそう望んでいる。

＊

生きるとは、地歩を失うことだ。

これほど大勢の人間たちが、首尾よく死ぬことができたとは！

＊

心の底から人を震撼させるような手紙をよこす者がいる。彼らに怨みを抱かずにすむものだろうか？

＊

インド奥地の某地方では、かつて万事を夢に基づいて説明していた。それどころか、病人を直すのにも夢に霊感を仰いだのだ。日常茶飯事から重大問題に至るまで、すべて夢を基準として裁定された。ただし、英国人がやってくるまでの話である。奴らがきてからというもの、わたしら、もう夢なんぞ見なくなったよ、と土地の者がいった。

世人が口を揃えて〈文明〉と呼んでいるもののなかに、ある悪魔的な原理がひそんでいることは否定すべくもない。このことを人間が自覚したときはすでに遅く、もはや対策の講じようもなかった。

＊

野心という中和剤を欠けば、明晰さはいずれ意気消沈にいたる。一個の作品が可能となり、生そのものが可能となるためには、明晰さと野心とが互いに支えあわねばならず、両者が、相手を打ち負かすことなく、戦いを交えねばならない。

＊

一度崇《あが》め奉《たてまつ》った相手を、人は決して許すことができない。じりじりしながら決裂の時を待ち、世にも繊細なあの賛美という鎖を断ち切ろうと待ちかまえている。……しかもそれが傲慢から出たことではなく、おのれを取り戻したい、自由になりたい、自己自身でありたいという切望のためなのだ。この切望を、人は不正手段によるほか、充たすすべがない。

＊

責任という問題は、出生以前に私たちが相談を受け、現在ただいまそうあるごとき人間になってよい、と同意したのでなければ、そもそも意味を持ちえないはずである。

＊

私の生の倦怠《タエディウム・ヴィタエ》が秘める力と毒性を見ては、私といえども狼狽せずにいられない。こんな衰弱の病に、これほどの逞《たくま》しさがあろうとは！　私がついに自分の最期の時を選び取れずにいるのは、この矛盾のおかげである。

＊

人間の行為にとって、いやもっと端的に、人間の活力にとって、明晰さを自負することは、明晰さそれ自体に劣らず有害である。

＊

子供は親に背《そむ》くものだし、また、背かねばならぬものだ。親にはそれをどうすることもできない。なぜなら親たちは、一般に生者たち相互を律している掟、すなわち、各人はおのれの敵を生み出す、という掟に従っているからである。

＊

私たちは、事物にすがりつくよう、徹底的に教えこまれており、事物から解放されようと努めても、どう振る舞っていいのやら見当がつかない。そしてもし死が手を貸してくれなければ、いつまでもこの世に在りたいという執念は、身心の磨耗を越え、老衰それ自体をすら越えたところに、ひとつの存在様式を見出そうとするであろう。

*

生誕とは不吉な、少なくとも都合のよくない事件だと認めれば、一切がみごとに説明できる。だが、この見解を認めようとしないかぎり、人は理解不可能なものを甘受するか、万人のひそみに倣《なら》って、ぺてんをやってのけるかせねばならない。

*

第二世紀のグノーシス派経典に、こんなことが書かれてある。「悲嘆に暮れる人間の祈りには、神にまで昇りつくだけの力がない」

……人間は衰弱したときしか祈らないから、かつていかなる祈りも宛先まで届いたことがないと推論してよさそうである。

*

彼は万人の上に擢《ぬき》んでていた。しかも、それで何をどうしようというのでもなかった。彼は単に、欲望することを忘れていただけだ……

＊

古代中国では、女たちは深い怒りや悲しみに捉えられると、街路にわざわざ設《しつら》えられた小さな壇の上に昇り、憤怒なり悲嘆なりを充分に爆発させたものだという。この種の告解所は復活されるべきだし、世界各地で採用されるべきだ。カトリック教会が設置しているあの古くさい告解所と交替し、あれこれの治療学の、とんと効力のない告解所と入れ替わるだけでも結構ではないか。

＊

この哲学者は定見を欠いている。あるいは、あえて専門用語に助力を求めれば、〈内的形式〉を欠いている。生者たるには、あるいは単に〈実在的〉であるためには、あまりにも捏造されすぎた人間である。彼は凶《まが》まがしい人形だ。二度とふたたび、この男の本を開くことはあるまいと考えるのは、なんという幸せであろうか！

＊

自分が健康で自由だということを叫び立てる人間はいない。しかし、この二重の恵みを受けている者は、まさにそのことを叫び立てるべきなのだ。おのれの好運を大声で触れまわれないということほど、私たちの正体を語るものはない。

＊

失意への愛のために、つねにすべてをやり損なってきた！

＊

孤独を守る唯一の道は、あらゆる人間を傷つけることにある。まず手始めに、自分の愛する人びとを。

＊

一冊の本は、延期された自殺だ。

＊

誰がなんと言おうと、死は自然が、万人を満足させるべく見つけだした最上のものである。人間ひとりひとりと共に、一切が消滅し、一切が永遠に休止する。なんという利益《りやく》、なんという特典の濫用だろう！　いかなる労力も費やさずに、私たちは宇宙を自由にし、おのが消滅のなかへ宇宙を引きずりこむのだ。まさしく、死ぬとは不倫のわざである……

VII

もし君の苦難が、君の心を晴朗にし、ある種の力に充ちた幸福感に浸《ひた》そうとせず、君を落胆させたすえ、刺《とげ》とげしい人間にするようなら、君には精神界で擢《ぬき》んでる天稟がないと知るべきである。

＊

期待感に包まれて生き、未来あるいは未来の模造品に賭ける。人間は深くこの習性に冒されており、不死の観念すら、永遠にわたって待つという欲求を介して、はじめて抱懐《ほうかい》できたにすぎない。

＊

友情とは、外見《そとみ》ではそれと知れぬ惨劇にすぎない。一連の、隠微な傷つけあいにすぎない。

＊

ルーカス・フォルトナーゲルの「死せるルター」。崇高なる豚野郎の、あの攻撃好きな、庶民そのままの、身の毛のよだつ面貌……「夢なんぞ嘘の皮だ。ベッドに糞を垂れる、真実はこれのみ」と喝破し、それだけで誉めても誉めきれないひとりの男を、みごとに再現してみせている。

＊

長く生きれば生きるほど、生きたことが有益だったと思えなくなる。

＊

はたちの頃の、何時間も窓ガラスに額をすり寄せて、闇のなかを凝視していた夜ごと夜ごと……

＊

どんな専制君主でも、自殺を思い定めた名もない男が享有するほどの権力を、かつて手中にしたことはあるまい。

＊

生の痕跡を残さぬように自分を馴致《じゅんち》することは、人間がわが身に対して挑む絶えざる戦いである。そしてその唯一の目的というのが、本気にさえなればいつでも賢者になれると、自分にむかって証しだてることなのだ。

＊

存在するとは、その逆と同じぐらい、いや冗談ではない、その逆よりもはるかに了解しにくい一状態である。

＊

古代ギリシアでは、〈書物〉はきわめて高価だったので、蒐集《しゅうしゅう》できるのは王者か、専制君主か、あるいは……アリストテレスのような男に限られていた。この哲学者こそ、はじめて書庫の名に値するものを所有した人物である。

さまざまな観点からして、当時すでに有害なものだったこの哲学者の著作に、もう一部屋分、重荷が詰まっていたわけである。

＊

もし私が、自分の一番内密な信念に従うとすれば、自己を顕《あら》わすのをやめ、どんな形でにせよ、外界に反応するのをやめてしまうだろう。ところで私はまだ各種の感覚を失っていない。

＊

怪物は、どんな身の毛のよだつしろものでも、ひそかに私たちを魅惑する。私たちに憑《つ》いて、どこまでも後を追ってくる。怪物は私たちの栄光と悲惨とを、巨大化しつつ具現したもの、私たちの、い、い、い、私たちの正体を白日に晒《さら》すもの、私たちの旗手だ。

＊

あまた世紀を重ねながら、人間は信ずることのほうに骨身を削ってきた。独断から独断へ、幻想から幻想へと移り歩き、疑いに割《さ》く時間はまことに僅少なものであった。疑いなどは、盲目的確信のあいだを縫う短い幕間劇でしかなかった。本当をいうと、それは疑いなどと称すべきものではなく、ただの休止符であり、あらゆる信条につきものの疲れが生んだ弛緩にすぎない。

＊

無垢とは、おそらくは唯一の、ある完璧な状態をさすものだ。無垢を享有している人間が、そこから脱出しようと希うなどとは了解しがたいことである。しかも歴史は、始源から現代にいたるまで、そのこと以外に何も示してはいない。

＊

カーテンを閉じ、私は待つ。実際には私は何を待っているのでもない。単に、不在の者となるのである。わずか数分間のこととはいえ、精神を曇らせ、その活動を妨げるさまざまな穢《けが》れが拭い去られて、我《が》の消え去った意識に私は到り着くことができる。あたかも宇宙の外側で憩いを取っていけるかのように、心が鎮められる。

＊

中世の祓魔式《ふつましき》では、悪魔が退散してゆくべき肉体の各部分を、どんな小さな部分であっても列挙したものだった。さながら狂気の解剖学概論とでもいうべく、過度の精密さと、細部の氾濫と、意外性のゆえに私たちの心を惹く。呪文も細密をきわめており、悪魔よ、爪から出よ！　というような調子であった。ばかばかしいともいえるが、詩的効果がないわけでもない。というのも、真のポエジーは、〈ポエジー〉とはなんの共通するところもないからである。

＊

私たちの見る夢には、例外なく、たとえ〈大洪水〉にまで遡る夢であろうと、数分の一秒の夢にすぎなかろうと、その前日に体験したなんらかの小事件が登場している。何年にもわたって絶えず確認してきたこの規則性は、夜ごとの途方もないドタバタ劇のなかで、私が認めることのできた唯一の常数、ただひとつの法則、もしくは法則の見かけである。

*

会話には精神を腐蝕する力がある。瞑想も行為も、ともに沈黙を求めるのはなぜなのか、分かろうというものだ。

*

自分が一個の偶発事にすぎないという確信は、順境のときも逆境のときも、つねに私に付きまとってきた。たしかにこの確信は、おのれを必然の産物と考えたがる誘惑から私を遠ざけてくれたけれども、一面でそれは、生まれつき幻滅に向いているという自惚《うぬぼ》れのごときものを、完全には癒してくれなかった。

*

自由な精神に行きあたることは稀だ。たまたま遭遇することがあると、私たちは、自由な精神の最良の部分が作品のなかにはなく（ものを書くとき、人間はふしぎなほど鉄鎖を引きずっている）、信念や気取りから解放され、また、厳密さへの配慮や尊厳への気づかいからも解き放たれて、おのれの弱点をすべてさらけ出すあの真相告白のなかにこそある、と気づくのである。告白者はこのとき、彼自身に対して異端者の役割をつとめているのだ。

*

外国人が言葉に関して創造者たりえないのは、その土地の人間と同じように喋ろうとするからである。首尾の如何《いかん》を問わず、この野望こそが彼の破滅の元だ。

*

手紙を書きはじめ、また最初から書き直す。少しも前進せず、足踏みばかりだ。何を、またいかに言おうとするのだ？　そのうち、誰に宛てて書いているのかさえ分からなくなる。その場に必要な調子をただちに見つけられるのは、情熱か利害かが絡んでいるときだけだろう。不幸にして解脱は言葉への無関心にひとしく、用いるべき語への無頓着そのものである。ところで人は、言葉との接触を失うにつれて、存在との触れあいをも失うのだ。

*

人間ひとりひとりが、一定の時期に異常な体験をしている。この体験は、記憶にまつわって離れようとしないため、その人の内的変身の重大な妨げとなる。

＊

野心が眠りこんだときにしか、私は心の平和を得ることができない。野心が目覚めたとたん、不安がまた私を鷲《わし》づかみにする。生とは、野心の一様態である。穴を掘るもぐらは野心の虜《とりこ》だ。野心はまさに至るところにあり、死者たちの顔にさえその痕跡を読むことができる。

＊

ヴェーダーンタ哲学派や仏教を尋ねてインドへ行くのは、ジャンセニスムを求めてフランスへ来るようなものである。それにしても、ジャンセニスムはまだまだ新しいほうだ。つい三世紀前に消滅したにすぎないのだから。

＊

どこにも、一片の実在性もみつからない。非実在性を捉える私の諸感覚のなか以外には。

＊

重要でないものに重要性を割《さ》き与えるのをやめたら、存在することは、完全に実行不可能な事業となるであろう。

なぜ『バガヴァッド・ギーター』は、〈行為の果実への断念〉をあれほどの優位に据えたのか？

＊

なぜなら、この断念が稀で、実現不可能で、私たちの本性にそむくものであるからだ。そこまで行き着くのは、かつての、また現在ただいまの人間を破壊し去るにひとしく、人間の内蔵する一切の過去を、千年の仕事の成果を殺すことであり、一言でいえば、人間という〈種〉を、この醜怪な、太古から続いてきた賤民の身分を、御免こうむることにほかならないからだ。

＊

幼虫の身分に固執するべきだった。進化を拒み、未完成に踏みとどまり、諸元素の午睡を楽しみ、胎児の恍惚に包まれて、静謐《せいひつ》のうちに滅び去ってゆくべきであった。

＊

真実は個人の劇のうちにある。もし私が正真正銘の苦痛を味わえば、私はひとりの個人として苦しむ以上に苦しみ、こうして私の我《が》の気圏を突破しつつ、他者たちの本質と合体することになるであろう。普遍的なものに近づく唯一の方策は、私たち個々人にかかわるものだけに没頭することである。

*

懐疑に定着したい人間は、その懐疑を行使することよりも、懐疑についてあれこれと考察を加えることのほうに、一層の愉悦を覚えるものである。

*

ひとつの国を深く知りたいと思ったら、その国の二流作家たちを精読するがいい。真相を反映しているのは彼らだけなのだ。他の作家たちは、同胞の無能さを告発したり、あるいはこれを歪曲《わいきょく》したりして、同胞と同じ水平に立とうとしない。いかがわしい証人たちだというべきである。

*

若いころ、何週間ものあいだ眠りの眼を閉じられなかったことがある。私はそのとき、かつて体験したためしのないものに包まれて生き、全時間が、その分秒の総体を引き連れて、私のなかに集積し、集中したかのように思った。時間は私のなかでまさに南中し、凱歌をあげた。むろん私は時間を前へと押し進める者、時間の促進者、運搬人、時間の原因にして実質をなす者となった。時間の大祝典に、動因そのものとして、また共犯者として私は参加したのである。眠りに見放されたとき、未聞のものが日常茶飯となり、なんの苦もないことになる。人間はその未聞のもののなかへ、準備もなく踏みこんでゆき、そこに居を構え、思うさま耽溺《たんでき》する。

*

すべて在るものの、すべて起ることの〈意味〉を問う。この作業で私はすさまじく多量の時間を浪費してしまうだろう。……しかも、この〈すべて〉には意味など全然ありはしないのだ。まじめな連中はそのことをよく心得ており、さればこそ自分の時間と精力とを、もっと有効な仕事に振りむけるのである。

*

ペチョーリンからスタヴローギンに至る、あのロシアのバイロン風と私は親近する。正確には私の倦怠と、倦怠への熱愛が。

*

これといって買っている点もないXが、おそろしく馬鹿な話をするものだから、私は飛び上がるようにして目を覚ました。好きでもない人間たちが、ごく稀にだが、夢のなかで光彩を放つことがあるものだ。

＊

老人たちは仕事がないものだから、なんだか知らぬが、ひどく込みいった問題を解決したいのだという様子をしており、まだ持ちあわせている能力を結集して、その事業に没頭している風に見える。この没頭の度合いがもうちょっと低かったら、彼らは集団自殺をしてしまうだろうが、決行せずにいるのは、おそらくこうした理由によるのである。

＊

どれほど熱く燃えあがった恋情でも、ふたりの人間をあの中傷という行為ほど堅く結びつけはしまい。中傷する者とされる者とは、〈先験的〉な一体をなしており、永きにわたって接着されている。どんな手段をもってしても、彼らを引き離すわけにはいかない。一方は害をなし、他方は害をこうむるのだが、被害者はその被害に馴れきっており、それを欠かすことができず、われから被害を求めさえするのである。その自分の希いが適《かな》えられることを、決して自分が忘れ去られたりしないことを、何がどうあろうと、あの疲れを知らぬ恩人の心のなかに、永遠に座を占めつづけるだろうことを、彼は知っているのだ。

*

遍歴托鉢《たくはつ》の僧。現在までに人間が達しえた最高の姿がここにある。もはや、断念すべきもの、ものを持たぬところまで行くこと。迷夢を捨てた精神なら、例外なくこれを夢みるにちがいない。

*

咽《むせ》び泣《な》きながら否定すること。許容できる否定のしかたは、これだけである。

*

おのが叫びを注釈する必要のなかったヨブは幸せ者だ！

*

深夜だ。感情の堰《せき》を切って落とし、激昂し、前例のない行為に走って、神経のひきつりを解きたいところだが、いったい誰にむかって、何ごとに対してそうすべきなのかが分からない……

*

サン・シモンによると、ウーディクール夫人は生涯にわたって、〈ある種の煩わしいしかし〉と抱きあわせでなければ、決して人を褒めなかったという。

すばらしい定義だ。ただし悪口屋のではなく、会話一般の定義として。

＊

生きとし生けるものは音を立てる。——鉱物にとってまたとない有利な弁護論だ。

＊

バッハは喧嘩早く、訴訟好きで、けちで、肩書きや権勢に目がなくて、うんぬん、しかじか。結構ではないか。それで何がどうしたというのか。ある音楽理論家は、死を主題とするバッハのカンタータを数えあげつつ、かつてどんな人間も、死に対してバッハほど深い郷愁を寄せた者はないという。大事なのはこれだけだ。残りはすべて伝記作者の管轄に属する。

＊

反省と努力によらなければ、中立状態に立つことができないとは不幸なことだ。ひとりの白痴がらくらくと手に入れてしまうものを、常人は夜となく昼となく悪戦苦闘したすえ、ようやく獲得するにすぎない。しかもそれがまぐれ当たりときている。

＊

私はこれまで、巨大な寸秒の塊《かたまり》が、自分のほうへむかって歩いてくるという幻覚を抱きつつ生きてきた。時間は私のダンシネーンの森[*13]である。

＊

柄《がら》の悪い人間が押しつけてくるあの不愉快な、もしくは棘《とげ》のある質問は、私たちを苛立たせ、困惑させ、ある種の東洋的技巧が用いている方策と類似の効果を、私たちに及ぼす。粗野な、攻撃的な愚鈍さが、悟りの口火にならぬはずがあろうか？　頭に食らわせる警策《きょうさく》の一撃にそれは匹敵する。

＊

認識はそもそも不可能であり、たとえ可能だとしても、何を解決するものでもない。これが懐疑家の立場である。では彼は何を欲し、何を求めているのか。彼自身も、他人も、誰もそれを知りえないだろう。

懐疑論とは、袋小路の酩酊である。

＊

他者に攻囲されている私は、なんとか脱出しようとするけれども、うまく行ったためしがない。これは白状しておく必要がある。それでもなお私は、毎日何秒かのあいだ、できればそうなりたかった人間との対話の時を手に入れることができる。

＊

一定の年齢に達したら、人間は名前を変えて、どこか目立たぬ一隅に隠れ住むべきである。誰とも面識がなく、友人や敵に再会する危険もまたなく、仕事に飽き疲れた悪人のようにして、安らかな生涯を終えられる場所に。

＊

内省しつつ、かつ謙虚であることは不可能だ。精神は活動しはじめるや否や、神にでも何にでも取って替わる。精神は無遠慮そのものであり、侵害者であり、瀆神《とくしん》者である。〈仕事をする〉のではなく、解体を行うのだ。精神の作業が見せるあの緊張感が、精神の凶暴な、無慈悲な性格をあきらかに示している。残忍さをたっぷり持ちあわせなければ、ひとつの思考を果てまで行き着かせることはできない。

おおかたの秩序破壊者、幻視者、救済者のたぐいは、癲癇病みだったり消化不良患者だったりする。癲癇の功徳は異口同音に語られてきた。これに反して胃袋の障害のほうは、あまり功績を認められていないようである。しかしながら、絶えず意識させられる消化作用ほど、一切を覆滅したいと希わせるものはないのだ。

＊

いい、いい、それと知らずに苦しんでいるすべての人間のために苦しむこと、これが私の使命だ。彼らのために私は償いをせねばならず、彼らの無自覚を引き受けて罰せられねばならない。この無自覚によって、好運にも彼らは、自分がどのくらい不幸な人間であるかを知らずにすむのだ。

＊

〈時間〉が私を責め苛《さいな》むたびに、いずれは時間か私か、どちらかが弾《はじ》け飛《と》んでしまわねばならぬ、と考える。こんな風にして、際限もなく残酷な対峙を続けるわけにはいかないのである。

＊

憂鬱症も極致までゆくと、この病に糧《かて》を与え、過分な原料を注ぎこむものがことごとく力を協《あわ》せて、もはや追跡しかねるところまで病を高め、あまりに大きく、あまりにも桁はずれな病に仕立ててしまう。ついには自分の病とは思えなくなったとしても、何を驚くことがあろうか。

＊

予知された不幸は、いよいよ到来するというときには、待ち設けなかった不幸の十倍も百倍も堪えがたいものである。長々しい恐怖と不安のうちに、人はその不幸をあらかじめ体験してしまい、いざそれが襲いかかってきたときは、すでに味わいつくした苦痛が現在の苦痛に加算され、その全体が、とても支えかねる巨大な重量となるのである。

＊

神が一個の解決法であったことは明瞭だ。こんなに申し分のない解決法は、もはや二度と見つからぬことだろう。

＊

恥辱にまみれながら、なおかつ幸福な人間にしか、私は心から賛嘆を寄せることができない。こやつこそ、同胞たちの意見には洟《はな》もひっかけず、ただおのれのうちにのみ幸福と慰藉《いしゃ》を汲むしたたか者だ、と私は内心に呟くのである。

＊

ルビコン川を渡った男は、ファルサロスの戦いのあと、あまりにも盛大に人を許しすぎた。カエサルを裏切りながら、遺恨の影もない待遇を受けるという形で、カエサルに辱《はずかし》められた友人どもの眼には、この寛大さは無礼とも映ったのだ。友人たちは、品位を傷つけられ愚弄されたと考え、カエサルの仁慈、あるいは侮蔑に仕返しをした。なにしろカエサルという奴は、怨恨にまで身を落とすのを潔しとしなかったのだから！　もしカエサルが暴君として振る舞っていたら、友人らは彼を許したにちがいない。飽き足りるだけ恐怖感を注入してくれなかったので、友人どもはカエサルを怨みに思ったのである。

＊

存在するものはすべて、遅かれ早かれ悪夢を生む。存在よりも少しはましなものを、何か発明しようではないか。

＊

信仰の土台を掘り崩すべく、営々と務めていた哲学は、キリスト教が普及して覇権を握りかけたとき、異教の肩を持った。異教の迷信のほうが、勝利しつつある狂気の沙汰よりは好ましく見えたのだ。神々を攻撃し破壊しつつ、哲学はわれこそ人間精神の解放者だと信じたが、実情は、人間をあらたな、古いものよりも悪質な隷従へ引き渡したにすぎない。かつての神々に取って替わろうとする神は、寛容にもイロニーにも、格別の好みを持たぬ神だった。

　そういう神が君臨したことに対して、別に哲学が責任を負うことはないだろう、と反論するむきもあるにちがいない。哲学が推奨したのはその神ではなかったのだと。多分それはそうなのだろう。しかし哲学は、古来の神々を突き崩しておいて、なんの罰も受けずにすむはずはないと気づくべきだった。いずれ他の神々が押しかけてくるだろうが、そんな交替劇で、哲学が取《と》り換《か》え得《どく》をするはずはないと気づくべきだった。

＊

　狂信は会話の死にひとしい。殉教志願者と喋りたがる者はいない。他人の道理の内部に決して入ろうとせず、こちらがその男の道理の前に身を屈しない以上、譲歩よりもむしろ死を選ぶという人間にむかって、何を喋ることがあろうか。ただし、ディレッタントと詭弁家《きべんか》は、熱心にそうした人間と語りあうかもしれぬ。少なくとも彼らは、あらゆる道理の内部へ入りこんでゆく人たちなのだから。

＊

ある人間を摑まえて、その人柄ならびに行為を論評するのは、相手に対してまったく見当違いな優越を自負することにほかならない。率直さは、繊細な感覚とは両立しない。倫理的要請とさえ両立することができない。

＊

近親者こそ、どこの誰にも増して、私たちの価値をすすんで疑問視する人たちだ。この法則には普遍性がある。ブッダみずからもこの法則から逃れえなかった。ブッダに対してもっとも烈《はげ》しく逆らったのは、従弟たちのひとりである。マーラ、すなわち悪魔は、やっと二番手にくるにすぎない。

＊

不安に囚われた人間からすれば、成功と失敗のあいだになんらの差違もない。どちらに対しても彼の示す反応は同じだ。両者ともひとしく彼の調子を狂わせるのである。

＊

仕事をしていないという理由から、少々わが身を責めすぎるようなことがあると、俺はもう死んでいて少しもおかしくないのだ、と考える。かくてますます仕事をしなくなる……

＊

台座の上に立つくらいなら、下水に塗《まみ》れるほうがまだよい。

＊

永遠の潜在性に止《とど》まることの利点は、私には議論の余地もないものと思われる。利点を一つ一つ挙げてみるうち、潜在性から存在への移行がかつて行われえたということに、ただ驚きいるのみである。

＊

存在イコール責め苦。この等式は私には自明のものだが、数ある友人たちのなかには自明と考えない者もいる。いかにしてその種の人間を説得すべきか。まさかその男に、私の感覚を貸し与えるというわけにもいかない。ところが、その男を納得させ、彼が久しく執拗に求めつづけているこの不快感の追加分を、彼に供給してやれるのは感覚だけなのである。

＊

人間が事象を暗黒に塗りつぶすのは、それら事象をもっぱら暗黒のなかで吟味するからである。思考そのものが一般に眠られぬ夜の産物であり、闇の果実だからである。思考が生にぴたりと適応しないのは、それが生のために思考されるのではない、という理由による。その思考がどんな結果を生むかという配慮は、精神を掠《かす》めてさえもいかない。人はこのとき、あらゆる人間的打算の埒外《らちがい》にあり、救済か永遠の罰か、存在か非存在かなどとは考えもせず、ある特殊な沈黙に包みこまれる。空虚の良質な一様式としての沈黙のなかに。

＊

生まれたという屈辱を、いまだに消化しかねている。

＊

癲癇《てんかん》の患者が発作の最中に力を消耗しきるように、会話のなかで力を使い果たす。

＊

狂熱や執拗な不安感を鎮めるには、自分の葬式の情景を思い描いてみるにかぎる。誰にでも手の届く有効な方法だ。昼日中に何度もこの手を使う羽目にならぬよう、起床したらすぐ、この方法の恩恵に浴してみるのが上策である。あるいは、ごく特殊な瞬間にかぎってこの方式を用いるのだ。一例がインノケンティウス九世である。この教皇は、死の床に横たわるおのが姿を一枚の絵に描かせ、何か重大な決断を下さねばならなくなると、そのたびに画面に一瞥《いちべつ》をくれたということである。

*

なんらかの破局的な諾《ウィ》を渇望しないような否定者はいない。

*

かつて人間が、自分用の神と身勝手な対話をしていた時代があった。私たちは二度と、その当時の人間ほどの深みには到達できまい。これは確信していいことだ。

*

ただの一瞬の休止もなく、私は宇宙に対して外在している！

……私はわが身を憐れみ、自分のみじめな境遇を不憫《ふびん》に思った。そのとたん、おのが不幸を修飾する言葉が、まさに、〈至高存在〉の第一特性を定義する言葉そのものだと気づいた。

＊

アリストテレス、トマス・アクィナス、ヘーゲル——精神の奴隷化を果たした三人男だ。専制主義の最悪の形態は体系である。哲学において、いや何ごとにおいてもだ。

＊

世に、思考される価値のあるものは何ひとつとしてない——神とは、この自明事に堪えて生き残った者の謂《いい》である。

＊

若年のころ、敵を作るのに優る快楽はなかった。いまはどうか。ひとりでも敵を作ると、私がとっさに考えるのは、その敵と和解することだ。その人間を念頭から追い払うためである。敵を持つとは、重大な責任を負うことである。自己の重荷だけで結構、他人というお荷物を抱えるのなどはまっぴらである。

＊

歓びとは、とめどなくおのれを蕩尽《とうじん》する光だ。原初期における太陽だ。

＊

死の数日前、クローデルは、神をさして限りなきといってはならず、〈汲みつくしがたい〉と称すべきだと人に語った。どちらにせよ、似たようなものであろうに。しかもなお、この厳密さへの配慮、生との〈貸借関係〉が尽きようとする瞬間の、言葉づかいの細心さ、綿密さは、いわゆる〈崇高な〉言葉やしぐさよりも、私たちを感奮させるものだ。

＊

鬼面人《きめんひと》をおどろかすの態《てい》は、判断の基準にならない。パガニーニはバッハよりもはるかに驚きと意外性に充ちている。

＊

毎日、つぎのように繰り返すべきである。「自分は、地球の表面を何十億と匍《は》いまわっている生きものの一匹だ。それ以上の何者でもない」——この陳腐な呪文は、どんなたぐいの結論をも、いかなる振る舞い、いかなる行為をも正当化する。遊蕩も、純潔も、自殺も、労働も、犯罪も、怠惰も、反逆も。

……かくて、人間は各自、みずからの仕業《しわざ》にそれ相当の理由を持つことになる。

＊

ツィンツウム――この滑稽な言葉は、ユダヤ神秘学の重要な概念を示すものだ。世界を存在させるため、一切であり、かつ至るところに在った神は、おのが身を狭めることを承諾し、自分の占有しない一定の空虚な空間を作ることに同意した。この〈穴〉に、世界が位置を占めたというのである。

かくて私たちは、慈悲からにせよ気紛れからにせよ、神が譲ってくれた空地を占めていることになる。私たちを存在させるために、神は収縮し、自分の至上権に制約を加えた。私たちは神の自発的な勢力縮小の産物であり、神の部分的な消滅、部分的な不在の果実である。したがって神は、狂気に駆られて、私たちのためにみずからの手足を切断したのだ。なぜ神は、五体満足のままでいるという良識と、良き趣味とを持たなかったのであろうか！

＊

『エジプト人《びと》らによる福音書』のなかで、イエスは、「女たちが子を産むかぎり、男たちは死の生《い》け贄《にえ》となるであろう」と宣告し、「わたしは女の作ったものを打ち壊すためにきた」とまで極言している。

グノーシス派の過激な真理志向に接していると、できることならさらに遠くまで行って、何か前代未聞の、歴史を石化させ粉砕するような言葉を吐きたくなる。宇宙大のネロ的所業に類する言葉を、物質の域にまで達した狂気の言葉を言ってのけたくなる。

＊

ひとつの固定観念を表現することは、それを自分の外部に投射すること、それを追い出すこと、その悪魔祓いをすることにほかならない。固定観念とは、信仰なき世界における悪鬼である。

＊

人は死を受諾しはするが、死の時期を受諾しはしない。いつ死んでもよい、ただし、死なねばならぬ時を除いて！

＊

どこか墓地に入りこむと、とたんに完《まった》き嘲弄の気分に引きこまれ、形而上学的配慮などは霧散してしまう。いたるところに〈不可思議〉を探して歩く連中が、かならずしも事象の底まで行き着くとはかぎらない。〈不可思議〉は〈絶対〉と同じく、精神の痙攣《けいれん》にしか呼応しないというのが、おおかたの実情である。ほかにどんな採るべき手段もない、真に絶望の名に値する場合以外には、この〈不可思議〉という言葉を用いるべきではない。

*

ついに計画のまま果てた計画と、実現された計画とを総ざらいしてみて、なぜ後者が前者の運命を辿らなかったのかと、私が悔いるのにはそれ相当の理由がある。

*

「淫蕩《いんとう》にふける傾きのある者は、心が寛《ひろ》く、慈悲に富んでいる。純潔に傾く者はそうでない」（聖ヨハネ・クリマコス）

キリスト教道徳の、延《ひ》いてはあらゆる道徳の、虚偽をではなく本質そのものを、これほど明確に力づよく摘出してみせるには、まさに聖者が必要とされた。

*

二度と絶たれない眠りという観念を、私たちは怖れずに受け入れることができる。反対に、永遠の目覚めは（もし霊魂不滅が想定しうるものとすれば、まさにこれであろう）、私たちを恐怖のどん底に叩きこむ。

無意識は祖国である。意識は流刑だ。

深い印象は、煽情的なものか、暗く痛ましいものかどちらかだ。あるいは同時にその両方だ。

＊

この私ほど、一切事象の無価値を確信している者はなく、また、私ほど、かくも大量の無駄事を悲劇と観じている者もないだろう。

＊

アメリカ・インディアンで、その一族の最後のひとりになったイシは、白人たちを怖れるあまり何年ものあいだ身を隠し、ついに万策尽きて、ある日、自発的に、一族皆殺しの張本人たちに投降した。彼はむろん一族の者と同じ処遇が待っているものと信じていた。ところが彼は大歓迎をされたのである。彼には子がなく、真に一族最後の人間だったからだ。

＊

人類が殺されつくしたあと、あるいは単に消えてしまったあと、たったひとりの生存者が、誰に降伏すべきか分からずに地をさまよい歩く光景を、私たちは想像することができる……

＊

人間は心の奥のまた奥で、意識以前に住みついていた状態へ、なんとか復帰したいと渇望している。歴史とは、そこまで辿りつくために、人間が借用している回り道にすぎない。

＊

肝心なことはひとつしかない。敗者たることを学ぶ――これだけだ。

＊

現象はすべて、他のより大きな現象の、品質の下落した翻訳態にすぎない。時間は永遠が目減りしたもの、歴史は時間の目減り、生命もまた物質の目減りした姿である。となると、いったい何が正規のものなのか。変質していないものとは何か。永遠か？　いや、永遠それ自体が、神の機能不全にすぎないのである。

VIII

出来そこないの世界、という観念を持たなければ、あらゆる体制下にはびこる不正を見ては、無為症に冒された男でさえ、囚人用の緊《し》めジャケットを着るところまで行くにちがいない。

＊

殺戮の行為は力の意識を呼びさまし、人間のなかの何かどす黒いもの、本源的なものに媚《こ》びる。神が味わうとおぼしい密《ひそ》かな満足感を私たちが知るのは、建設するときではなく、ぶちこわすときである。これが破壊の魅惑の、また、あらゆる時代の熱狂者たちが、破壊行為に託したさまざまな妄想の母胎である。

＊

世代という世代はすべて、絶対のなかで生きている。自分たちこそが、歴史の、よしんば終末とはいわぬまでも、絶頂期に辿りついたのだといわぬばかりに、各世代が振る舞うのである。

＊

どんな民族でも、その行程のとある瞬間に、自分たちは選ばれてあると考える。その民族が、自己の最良の部分と最悪の部分をあらわに見せるのは、そのときである。

＊

トラピスト修道院が、イタリアやスペインではなく、フランスに生まれたのは偶然ではない。たしかに、スペイン人もイタリア人も絶えまなくよく喋る。だが彼らは、自分が喋るのを聴いていない。フランス人はどうか。彼らはおのが雄弁をゆっくりと玩味《がんみ》し、自分がいま喋っているということを決して忘れない。その点、世にも意識的な人たちなのだ。フランス人だけが、沈黙をひとつの試練、一個の苦行と考えることができた。

＊

フランス革命が私から見て質《たち》の悪いものと映るのは、すべてが舞台上で起こっており、主導した人間たちが生まれついての俳優ばかり、ギロチンなどは舞台装置にすぎないからだ。フランス史は、全体としてお誂《あつら》えの歴史、演じられた歴史という風に見える。演劇的見地からすると、そこでは一切が完璧なのだ。たしかにそれは上演であり、一連の仕種《しぐさ》であり、体験するというより眺めるべき事件の連続であり、十世紀にわたるスペクタクルである。あの恐怖政治さえ、遠くから見ると、なにか浮薄な感じがするのはそのためであろう。

＊

繁栄する社会は、貧しい社会よりもはるかに脆弱《ぜいじゃく》なものである。期待すべきものはただ一つ、おのれの破滅だけという社会なのだ。なぜなら生活の安楽は、ひとたび所有されるとたちまち理想ではなくなるし、何世代も前から存在していれば、なおさら理想どころではないからだ。そもそも自然は安楽などを計算に入れていないし、計算に入れれば滅びるばかりだという事実はしばし措《お》くとしても。

＊

もし諸国民がいちどきに気力を失ってしまえば、もはや紛争も戦争もなく、帝国も消えるであろう。だが不幸にして世界には若い民族というものがおり、この若いということは、それだけですでに、博愛家たちの夢に重大な障害として立ちふさがるのである。あらゆる人間が、同一水準の倦怠と無気力に到達するようにという夢に……

＊

人はどんな場合にも、迫害される者の側に立たねばならない。たとえ彼らのほうに非があろうともだ。ただし、その被迫害者たちが、迫害する者らと同じ粘土で捏《こ》ねあげられているのを見損なわずに。

＊

滅亡に瀕した体制の特質は、信条や教義の不分明な混合物を許容しておく一方で、選択の時を、際限もなく、ぐずぐずと遅らせていられそうな幻想を振りまく点にある……

革命に先立つ時期の魅力はそこにある。そして、そこにしかない。

＊

贋《にせ》の価値しかこの世では流通しない。誰でも同化することができ、贋造することができるせいである（贋物の第二段階というわけだ）。成功を収める思想は、かならず贋の思想である。

＊

革命とは、悪しき文学の最高値だ。

＊

公共の災厄に面白くない点があるとすれば、どんな人間でも、その災厄について一席ぶつだけの資格があると思いこむことだろう。

気に食わない連中をことごとく抹殺する権利こそ、理想国家の憲法第一条に明記されるべきだ。

＊

若い人たちに教えてやるべきことはただの一事、生に期待すべきものは何ひとつとしてない、少々譲ってもほとんど何ひとつない、ということに尽きる。各人の引きあてたあらゆる見込み違いを列挙して、〈失望表〉を作製し、これを学校に掲示するというのが理想だ。

＊

パラティーヌ大公妃の語るところによると、マントノン夫人[*14]は、王の没後、自分がもうなんの役割も演じなくなった何年か、こんなことを口癖のようにいっていたという。「しばらく前から、目眩《めまい》のような感じがみなぎって、至るところに広がってゆきます」

この〈目眩のような感じ〉こそは、いつも敗者が、考えてみればなんの不思議もないことながら確認してきたものだ。マントノン夫人のこんな言葉を基点にして、全歴史を見直すこともできるのではあるまいか。

〈進歩〉とは、各世代が、先立つ世代に対して犯す不当行為である。

＊

飽き足りた者は自分を憎んでいる。それも内密にではなく、公然とであり、なんらかの形で自分らが一掃されることを希っている。いずれにしても彼らは、いっそのことその掃討作戦に力を貸したいと思っているのだ。これこそが、革命的状況のもっとも奇妙な、もっとも独特な相である。

＊

一民族はただ一回の革命しか実行することができない。ドイツ人はあの宗教改革の勲《いさお》しを再演できなかった。むしろ、再演してみたが初演に及ばなかったというべきか。フランスはその後ずっと一七八九年への朝貢者であったし、ロシアその他の国々についても、これはひとしく真実であった。こと革命に関して、自分自身を剽窃《ひょうせつ》するというこの傾向は、安心の種でもあれば、また悲嘆の元でもある。

＊

衰亡期のローマ人は、ギリシア的閑暇（オティウム・グラエクゥム）しか尊重しようとしなかった。これは勃興期のローマ人たちが、もっとも深く蔑んだものであった。

今日の文明化した諸国との類似はあまりにも明白で、くどくど言いたてるのは品位を欠くように思われる。

＊

アラリックは、ある種の〈魔神〉が、自分をローマ打倒へと駆り立てるのだといった。

あらゆる衰弱した文明は自分用の蛮族を求め、あらゆる蛮族は自分用の魔神を待ちのぞんでいる。

＊

西欧。いい匂いのする腐敗物、香料入りの屍体。

＊

これら諸民族は、偉大な偏見の持ち主だったからこそ偉大だった。いま、彼らはもうそうした偏見を持ちあわせていない。いったい連中はまだ国民の体《てい》をなしているのか？　どう見ても、風化し分裂した群集といったところではないか。

＊

白人はますます、かつてアメリカ・インディアンたちがつけた、蒼白い人という呼び名にふさわしくなりつつある。

＊

ヨーロッパでは、幸福はウィーンで終わりになる。その向こうは、昔から呪いにつぐ呪いだ。

＊

ローマ人、トルコ人、イギリス人らは、長持ちのする帝国を築くことができた。彼らはあらゆる教義を忌避する人間であり、征服した諸民族に少しも教義を押しつけようとしなかったからだ。もし彼らが多少とも救世の悪習に染まっていたとしたら、あんなに長期間、覇権を行使することはできなかったにちがいない。予期しなかった圧制者、行政者にして寄食者、確信を持たぬ領主ともいうべき彼らは、権威と無頓着とを、厳酷さと自由放任とを結合するすべを知っていた。真の支配の秘訣たるこの術策こそ、かつてのスペイン人たちが欠いていたものであり、現代の征服者連が欠いているのもまさにそれである。

＊

一国民は、優越性の自覚を手ばなさぬあいだは、獰猛《どうもう》であろうし、尊崇を集めもしよう。——その自覚を見失ったとたん、人間臭を放ちはじめ、やがて物の数にも入らなくなる。

＊

時代に対して憤激を抑えかねるようなとき、晴朗な心を取りもどすのに、私なら、いずれ到来するはずの、後代の人たちの懐古的嫉妬という事態に思いをめぐらせば充分だ。ある点で私たちは、まだ楽園喪失を悲しむ心を持った、古き人類に属している。だが、私たちの死後に出現する人間たちは、そんな悲しみの源泉をそもそも持たぬだろうし、その観念も、いや言葉さえもおそらく知らぬであろう。

＊

未来をめぐる私の幻視はきわめて精確なものなので、もし私に子供らがいたなら、即刻、扼《やく》殺《さつ》してしまうであろう。

ロマン派時代、ベルリンに少なからずあったサロンのことを考え、ヘンリエッテ・ヘルツ、ラーエル・レーヴィンらがそのサロンで果たした役割や、レーヴィンが皇太子ルイ・フェルディナントと交わした友情について思いめぐらし、[*15] その上で、もし彼女たちが二〇世紀に生きていたら、どこかのガス室で果てていたろうと考えると、進歩への信仰こそ、数ある迷信のなかでも一番いかがわしい、一番愚かしいものだと見なさざるをえなくなる。

*

ヘシオドスは歴史哲学を練りあげた最初の人物だ。凋落《ちょうらく》という観念を世に押し出したのも彼である。歴史の生成について、ヘシオドスの仕事は、なんという強烈な照明となったことか! 歴史の原初期の、ホメロス没後の世界のただなかにあって、彼は人類がいまや鉄の時代にあると説いたが、そのヘシオドスが、さらに何世紀かあとだったら何といったろう。現代に生きたらいったい何といっただろう?

軽薄な思潮のせいで、またユートピア信仰のせいで、精神に曇りの出た時代を除けば、人間はつねに自分たちが最悪のものの入口に立っていると考えてきた。自分が何ごとを知ってしまったか、ちゃんと心得ていながら、いったいどんな奇跡のおかげで人間は、絶えず欲望と恐怖との変奏を奏《かな》でてくることができたのだろう。

＊

一九一四年の大戦のあと、私の故郷の村に電気が引かれたとき、村びとたちに不満の呟きが広がり、それがやがて押し黙った悲嘆に変わった。だが、いよいよ教会に電気が入ったとき（教会は三つあった）、村人はこぞって偽キリストの到来を確信し、同時に、世界の終わりが来たと考えた。

カルパチア山脈のこの農民たちは、事態を正しく見抜いていたし、遠く、、、まで見通してもいた。先史時代の闇から出てきた彼らは、そのとき早くも、文明人どもがやっと最近になって知ったことを知りぬいていたのである。

＊

歴史書への私の嗜好は、なんであれ上首尾で終わるものを疑う私の偏見から来ている。

観念は死の苦しみには向いていない。観念もたしかに死ぬけれども、死にかたを心得ていない。ところが一個の事件は、おのれの終末のためにのみ存在する。このことだけでも、なぜ哲学者と一緒にいるよりは、歴史家と同席するほうが好まれるのかが理解されよう。

＊

カルネアデス[16]が紀元前二世紀に、ローマへ使節として赴いたのは有名だが、彼はこの機会を捉えて、一日目には正義の観念に与《くみ》して語り、翌日はこれに逆らって語ってみせた。このときを境にして、それまでこの国の健全な風俗には存在しなかった哲学が、猛威を振るうことになった。哲学とはいったい何なのだ？　果実のなかの虫だ……

大カトーは、ギリシア人の弁証術の巧みさを目撃して恐怖に打たれ、元老院に対して、アテナイからの使者たちの要求をただちに容れるよう命じた。それほどにも彼は、このアテナイ人たちの存在を有害と考え、危険とさえ判断したのである。ローマの若者たちは、アテナイ風の、信条を破壊するような思想に染まってはならなかったのだ。

精神の次元で、カルネアデスやその輩《ともがら》は、軍事的局面におけるカルタゴ人に匹敵するほどの脅威だった。上昇期にある国民は、何よりも専断や禁制の不在を怖れ、知的羞恥心の欠如を怖れる。この知性の破廉恥こそは、亡《ほろ》びゆく文明の魅力をなすものなのだが。

＊

企てという企てに成功を収めたせいで、ヘラクレスは罰を受けた。同様に、トロイアは、あまり幸せすぎたので滅亡せねばならなかった。

悲劇に付きもののこうした様相を思いめぐらすうち、私たちはわれ知らず、自由世界といわれる社会のことを連想してしまう。この社会は、ありとあらゆる好運を享受している以上、いずれイリオン[*17]の運命をたどることは避けがたい。というのも、神々の嫉妬は、その神々の死後にまで生き残るからである。

＊

「フランス人はもう働く気をなくしちまったよ。みんな、ものを書きたがるんだからね」と、私の住むアパルトマンの門衛の女房がいった。自分がこのとき、老衰した文明一般に対して非難を投げつけているのだとは、この内儀《おかみ》は知らなかったであろう。

＊

ひとつの社会は、狭量を押し通すだけの力を持てなくなったとき、死の宣告を受ける。寛《ひろ》い心などを持ったら最後、どうして自由の暴虐から、その致命的な危険から、身を守ることができるだろう。

＊

イデオロギー上の争いが絶頂にまで達するのは、人びとが言葉のために戦いを交えたことのある国、言葉のために人間が殺されたことのある国にかぎる。……要するに宗教戦争を体験した国にかぎるのである。

＊

みずからの使命を終えた民族は、同じ題材ばかり扱いはじめた作家に――いや違う、もうなんにも言うことのなくなった作家に似ている。同じことを繰り返すのは、まだおのれを信じ、自分の主張してきたことを信じている証拠である。だが、使命の終わった国民は、かつて優越と光輝にあずからせてくれたかずかずのモットーを、掻きくどくだけの力ももはや持たないのだ。

＊

フランス語はついに一地方の言語になってしまった。フランス語を母国語とする人たちは、こんな事態に甘んじており、ただフランスに住む外国人だけがこのことを悲しみ嘆いている。外国人だけが、〈ニュアンス〉の喪に服している……

＊

アテナイに対して全土を要求するため、クセルクセス[*18]が使者団を送りこんだとき、テミストクレス[*19]は、アテナイ側が一致して賛同した命令に基づいて、使者団の通訳を死刑に処した。「一蛮族の王の指令を伝えるのに、厚かましくもギリシア語を使った廉《かど》」によるという。
ある民族がこれほどの挙に出るのは、その絶頂期にかぎられる。みずからの国語に自信を失い、自国語こそが表現形態として至上のものであり、言語それ自体だと考えることができなくなったとき、その民族は衰滅のなかへ逆落《さかお》としになってゆくのである。

*

前世紀のある哲学者は、無邪気にも、ラ・ロシュフーコーは過去については正しかったが、未来に関しては権威を失うだろうといった。進歩の観念はかくも深く知性を毒するのだ。

*

人間は、時代が進むにつれて、いっそう抱えこんだ問題を解くことができなくなる。そこで血迷ったすえ、ついに万事解決のときが来たと思いこむ。前代未聞のことが突発するのはそのときである。

*

黙示録のためなら、ぎりぎりのところ私は、一肌脱いでもいいという気でいる。だが、こと革命となると……終末か創世に力を貸すのはいい。最終の、あるいは最初の大災害に協力するのはいい。だが、正体も知れぬ〈より良きもの〉を、あるいは〈より悪しきもの〉をめざす現状変更などに、手を貸すのはまっぴらである。

＊

何ごとによらず、深く掘り下げたことのない人間だけが、信念を持つ。

＊

長いあいだには、寛容は不寛容よりも、はるかに多くの災厄を生むものだ。——もしこの指摘が正しいとすれば、それは人間に対して加えうるもっとも重大な弾劾となるだろう。

＊

動物たちは、互いに恐怖しあわずにすむようになると、とたんに無気力に落ちこみ、動物園で見かけるような、あの打ちひしがれた様子を示す。人間も同じことだ。個人であれ民族であれ、いつの日か人間がみな融和して生き、ひそかに、またあからさまに戦慄する必要がなくなったとしたら、まさに動物たちと同じ光景を現出させることであろう。

＊

距離を置いて眺めれば、もはや善もなく悪もない。過去の事象にまで出しゃばって裁定を下す歴史家は、別の世紀でジャーナリズムを営もうというわけである。

＊

二百年後には（正確を期さねばならない！）、あまりに冒険好きすぎる民族の生き残りたちは、特別区に囲いこまれ、人びとはそれを見物に出かけ、嫌悪か、同情か、茫然自失の態《てい》で、また同時に悪意のこもった賛嘆の眼で、彼らに眺め入ることであろう。

＊

群れをなして生きる猿は、仲間のうち、なんらかの形で人間と交際のあった者を追放してしまうらしい。あのスウィフトが、こんな事実を知らなかったのは、惜しみてもあまりあることだ！

＊

自分の住む世紀を呪うべきか、全世紀にむかって呪詛を投げつけるべきか。

おのが同時代者のせいで世を捨てるブッダが想像できようか？

＊

人間は、救済者というあの狂熱の徒、破廉恥にもわが身に深く信を置いている者どもが、好きでたまらぬらしい。というのも人間は、救済者たちがおのれ自身でなく、人類にこそ信頼を寄せるのだと思いこんでいるからだ。

＊

その国家元首の強みは、空想家であるのと同時に厚顔無恥であることだ。憚《はばか》ることを知らぬ夢想家というべきか。

＊

最悪の大罪を犯すのは神がかりの熱狂だ。この病的状態こそ、公私を問わず、ほとんどすべての災厄の元凶である。

＊

未来。よろしい、お好みなら未来をとっくりと眺めに行きたまえ。私は、このとても信じかねる現在と、とても信じかねる過去とにこだわっているほうがいい。とても信じかねるものそれ自体にわざわざ直面するのなどは、君におまかせしよう。

＊

「あなたという方は、この前の戦争のあと人間のしたことには、全部反対という立場なのですね」と、その当世風な婦人はいった。

「日付をお間違えじゃありませんか。わたしはアダムこのかた、人間のやってきたことに、全部反対なんですよ」

＊

ヒトラーはたしかに歴史上もっとも不吉な人物だった。その上、もっとも悲壮な人物でもあった。彼は自分の望んだこととの完全な反対物を実現し、自分の理想を一つまた一つと破壊した。ヒトラーが特別誂《あつら》えの怪物、言いかえれば二重の怪物だったゆえんはそこにある。彼の悲壮さそのものが怪物的だったのだから。

＊

あらゆる大事件は、狂人によって、ただし二流の狂人によって火蓋を切られた。〈世界の終わり〉自体もそのとおりであろう。これは信じてよいことだ。

＊

ユダヤ神秘学の経典『ゾーハル』によると、この地上で悪に耽《ふけ》る者たちは、ことごとく、前世の天上においてもろくでなしであったという。彼らは早く天上界から飛び出したいとじりじりし、深淵の入口へ殺到して、「現世へ降下すべき時機より先に飛び降りた」というのだ。〈悪人〉どもの自信と勝利、その強大さと優れた能力を説明するのに、この経典の説く霊魂先在論が、いかに深く、いかに有用であるか、たやすく了解されよう。はるか以前から計画を練っていた以上、悪人どもが地上を分割しているからといって、驚くほうがまちがっている。悪人らは地上を、降下してくる前から、……つまりは永遠の昔から制覇しているのである。

＊

真の予言者を贋物と分かつ一点は、たがいに排除しあい、争いあう運動や教義の起源に、その男がいるということだ。

＊

大都市においても、ささやかな部落にあっても、人間が一番好むのは、同胞のひとりが没落する情景に立ち会うことである。

＊

破壊欲は人間の深部に錨を下ろしており、これを抜き去ることは誰にもできない。それは人間各自の身体構造にまで食い入っている。存在者の本体は、たしかに悪魔的なものだ。賢者は、鎮められた破壊者、隠退した破壊者だ。賢者以外は、現役の破壊者である。

＊

不幸は受け身の、忍従の状態だが、呪いは逆方向ながらある選抜が行われたことを示し、使命とか内的な力とかいう観念を想定させる。そしてそれは不幸には含まれていないものなのである。呪いを受けた個人あるいは民族は、不幸な個人、不幸な民族とはおのずから別の等級をなしている。

＊

正確なところ、歴史は繰り返さない。だが、人間の思いつく幻想は無際限というわけではないから、いつも別の装いを凝らして立ちもどってくる。そして古色蒼然たる粗悪品に、新品の体裁と悲劇の釉薬《うわぐすり》をなすりつけるのである。

＊

イオヴィニアヌス、聖バシレイオスその他の教父たちに関する著作を読みあさる。正統と異端の争いは、キリスト教初期の数世紀には、現代のイデオロギーが演じてみせるお馴染みの闘争よりも、さらに気違いじみていたというわけではない。争論の様相も、狩り出される情念も、狂気沙汰も滑稽沙汰も、似たようなものである。双方とも、宗教上の、また政治上のドグマの根底をなすあの非実在のもの、真偽を確かめるすべもないものをめぐって、一切が争われている。人びとがドグマから離脱してしまわぬかぎり、歴史はおよそ堪えられるしろものではない。ドグマが棄てられれば歴史は確実に終息する。そしてそれは万人にとって結構なことなのだ。歴史の重荷を堪え忍ぶ者にとっても、また、歴史を作る者らにとっても。

＊

破壊行為にいかがわしい点があるとすれば、それはその容易さだろう。どこの馬の骨でも破壊行為に秀でることができるのだ。だが、たとえ破壊がなんの苦もない業であっても、おのれを破壊するのはさほど容易な行為ではない。煽動家やアナキストに対して、落伍者たちが優位に立つのはそのためである。

＊

初期キリスト教時代に生まれあわせていたら、私はキリスト教の誘惑に屈していたのではないだろうか。この仮定上の同伴者、仮定上の狂信者を私は憎む。二千年前のこの加盟を、私には許すことができない。

＊

暴力に惹かれながら、一方で迷夢から醒めきっている私は、なにか直接行動に突っ走るつもりで外に出たが、ソロモンかエピクテトスの意見を聞きたくなって立ち止まったテロリスト、といった様子をしている。

＊

ヘーゲルの説くところでは、人間が完全な自由を得るのは、「ことごとくわが手で創りあげた世界に取り囲まれたとき」だけだという。

しかし、まさにそれが人間のやったことであり、しかもなお人間が現在ほど鎖につながれ、奴隷と化したことはかつて一度たりとなかったのだ。

＊

もはや一片の幻想も蓄えず、完全に醒め、しかも醒めていることに歓喜している人類――この段階ではじめて、生は堪えうるものとなるだろう。

＊

これまで私が感覚し思考しえたことはすべて、アンチ・ユートピアの演習と見わけがつかなくなっている。

＊

人間は永くは続くまい。疲労の底まで落ちたすえに、人間はあまりにも奇矯に過ぎた生きかたの代償を支払うことになろう。というのも、人類がいつまでも存続し、終わりを全うするなどというのは、想像もつかぬ、自然に背く仮定だからだ。この予想は私たちの勇気を殺《そ》ぐものであり、それゆえ的中するであろう。

＊

〈啓蒙専制主義〉――一切の迷いから醒め、歴史の共犯者にさえなれない以上、とても革命の共犯者にはなれそうもない人間が、心を惹かれる唯一の体制だ。

＊

同時代に二人の予言者が並び立つことほど、痛ましいものはない。嘲笑に身をゆだねたくなければ、いずれか一人がすすんで消え去らねばならない。二人ともども醜態をさらさぬための、それが一番公平な解決法である。

＊

無垢な人間に出会ったりすると、そのたびに私の心は動揺し、度を失ってしまう。いったいこの男はどこからやってきたのだ？　何を探し求めているのだ？　こんな人間が出現したことは、何か痛ましい事件の前触れではないか？　これが、どこから見ても自分の同類とは思えない人間を前にしたとき、私たちを捉える特殊な困惑というものだ。

＊

征服者としての文明人は、はじめて姿を現した土地ではどこでも、災いをもたらす者、幽霊、亡霊のたぐいとみなされた。一度たりとも生者とは見てもらえなかった！　類いなき直観、考えられるかぎり最高の予言者的眼力だ。

＊

もし人間各自が〈了解〉していたら、歴史はとうの昔に消滅していただろう。ただ人間は底の底まで、つまり生物学的に、〈了解〉しないように出来あがっている。しかも、人間の全員が――たったひとりだけを例外として〈了解〉したとしても、歴史はこの例外のひとりのせいで、その無分別のせいで、永続してしまうだろう。たった一個の妄想のせいで！

＊

Xは、私たちが〈宇宙の一循環期〉の終末にいると主張する。万象はまもなく砕け散るであろうと。この点について、彼は一瞬も疑ったことがない。

同時に彼は妻子持ちであり、大勢の家族を抱えた父親である。あんな確信を持っていながら、いったいどうした気の迷いから、彼はこの破産した世界に、ひとりまたひとりと子供たちを送りこむような真似をしたのだ！〈終末〉を予見するのなら、終末がまもなくやってくると確信するのなら、終末を当てこむような心さえ持っているのなら、ひとりで待つがいい。パトモス島[*20]では生殖をしないものである。

＊

賢者だったモンテーニュは後継者を持たなかった。ヒステリーのルソーは、いまだに諸国民を揺さぶっている。

いかなる煽動家をも感奮せしめたことのない思想家しか、私は好まない。

＊

一四四一年、フィレンツェの公会議で、異教徒、ユダヤ人、異端者、離教者らは、絶対に〈永生〉にはあずかれず、もし死を前にして真なる宗教に立ち戻らなければ、全員が地獄へ落ちるであろうと布告された。

カトリック教会がこんな途方もないたわごとを公言していた時代こそ、教会が真に教会だったときである。ひとつの制度は、自己ならざるものをすべて排斥する場合にしか、生気に充ちた強大なものたりえない。不幸にしてこのことは、一個の国家にも、また政治体制にも当てはまる。

＊

まじめな、廉直な精神には、歴史が分からない。歴史を少しも理解することができない。そのかわり歴史は、冷笑好きな碩学《せきがく》に対しては、無上の楽しみを提供してくれる。

*

人間である以上、私たちはある悪しき星の下に生まれており、私たちがこれまで企ててきたこと、やがて企てようとしていることはすべて、不運の寵愛を受けている。そう考えると、異様に甘美な思いに包まれる。

*

プロティノスは、あるローマ元老院議員に深い友情を覚えた。というのもこの議員は、奴隷を解放し、財産を捨て、無一物となったすえ友人たちの家に寄食していたのである。〈公式の〉見地からすれば、この元老院議員は乱心者であったし、その身の処しかたは一般に不安をそそるものと見えた。そしてたしかにその通りではあったのだ。元老院にひとりの聖者が……この人物の存在、いやその存在の可能性すら、一つの兆《きざし》ではあった！　劫掠《ごうりゃく》者たちはすでに遠くなかった……

*

利己心を完全に抑えきって、その痕跡を一片も残していない人間は、二十一日間以上生きのびることができない——現代のヴェーダーンタ哲学派はそう教えている。

西欧のどんな陰惨な人間性研究家にも、人間の性《さが》をめぐってかくも恐怖すべき、かくも暴露的な精密さにまで達しようとした者はない。

＊

人びとは次第に〈進歩〉を援用しなくなり、〈推移〉を口にするようになった。しかも、この〈推移〉の利点を顕彰しようとして人びとが持ち出すものは、どれもこれも、前代未聞の大破局の兆候をなしているのだ。

＊

人間は、腐敗した政治体制の下でしか、息をつくことができず、大声で喋ることができない。だが人びとは、その体制の破壊に手を貸したあと、もはや打倒した体制を愛惜する能力しか持てなくなったとき、ようやくこのことに気づくのである。

＊

一般に創造の本能などと呼ばれているものは、ひとつの逸脱でしかなく、私たちの本性の倒錯でしかない。私たちは革新を実行し、騒乱を起こすためにこの世に生まれたのではない。私たちの存在の見かけを享受し、やがてそれを静かに清算して、音もなく消えてゆくために生み落とされたのである。

＊

かつてアステカ人は、宇宙が崩壊してふたたび混沌のなかへ落ちこむことのないよう、神々の心を鎮め、毎日人間の血を神々に捧げるべきだと考えた。これは理に適《かな》っている。すでに久しく、私たちは神々への信仰をやめ、もはや神々に犠牲を捧げようなどとはしない。それでも世界は現にそこにある。たしかにそうだ。ただ、私たちはもはや二度と、なぜ世界が即刻、壊滅してしまわないのか、それを知る好機には恵まれないのである。

IX

私たちが追い求めるものは、ことごとく、責め苦の必要に発している。救済を求めること自体、もっとも隠微な、あらゆる責め苦のなかで一番巧みに偽装された責め苦なのだ。

＊

死によって人間は、存在を開始する以前の状態に戻るにすぎない、というのがもし真実なら、純粋な可能性を固守して、そこから身じろぎもしないほうがよかったのではないか？　実現以前の充溢感のなかに、永遠に止《とど》まっていられたのに、何を好んで急旋回をやってのけねばならなかったのだ？

＊

自分の肉体に、不意にすっぽかしを食わされるようなとき、いったいこんな死骸をもってして、諸器官の辞職に抵抗することができるのか、と考えてしまう……

＊

古代の神々は人間を嘲弄し、あるいは嫉み、追いつめ、場合によっては叩きつぶすほどの挙に出た。福音書の神はそれほどの嘲弄好きではないし、嫉妬も浅いものなので、人間たちは、不運のさなかにあっても、神に非難を浴びせるという慰めに恵まれなかった。キリスト教界にひとりのアイスキュロスもおらず、出現する可能性もまるでなかった理由は、そこにこそ求めるべきである。善良なる神は、悲劇を殺してしまった。ゼウスのほうがはるかに文学的価値を持っていたのだ。

*

思い出せるかぎりの昔から、放棄の強迫観念が、奇癖が、私にはある。だが、いったい何を放棄するというのだ？

たとえ、かつての私が、一角《ひとかど》の人間になりたいとあんなに希ったとしても、それはただ、いつの日かあのカール五世がサン・ユステ修道院[*21]で言ったように、「わたしはもはや何ものでもない」と言い放つときの満足感を求めてのことにすぎない。

*

パスカルの『田舎の友への手紙』のうち何通かは、十七回も書き直されている。今ではもうなんの興味も惹かなくなった作品に、パスカルがそれほどの情熱と時間を注ぎこむことができたとは、ただ啞然とせざるをえない。論争は時代とともに亡びる。人間相手の論争はすべてそうだ。『パンセ』では論争の相手は神であった。こちらのほうなら、なお多少は私たちの心を惹く。

＊

聖セラフィム・デ・サローヴは、十五年にわたる完全な隠遁生活のあいだ、僧房の扉をどんな人間にも、折ふし隠棲《いんせい》の場を訪れた司教にさえ、開こうとしなかった。「沈黙は人間を神へと近づけ、この地上において人間を天使の同胞《はらから》とする」と彼はいっている。

聖者は、できればこう付言するべきだった。祈ることが不可能なときほど、沈黙が深まることは決してありえないと……

＊

現代人は宿命の感覚を失い、その結果、悲嘆の好みをも失った。劇場には、何はさて措《お》いても合唱隊を復活させねばならず、葬儀には泣き女を再登場させねばならない。

＊

ひとたび不安に囚われた人間は、摂理の賜物たるその不安感を、一段と強め、促進するものなら何にでもしがみつく。不安感を癒したりするのは、せっかくの平衡をぶちこわすにひとしい。不安はその人間の生存と繁栄の基盤なのだ。意地の悪い聴罪僧は、不安が必要品にほかならず、ひとたび不安を知ったら二度と欠かせなくなると心得ている。まさか不安の恩恵を公言するわけにもいかないので、婉曲法を採って、聴罪僧は悔恨の徳を称えるのである。悔恨とは公認された不安、名誉ある不安だ。こうして僧は顧客たちの感謝の的となり、なんの苦もなく彼らを繫《つな》ぎとめておかれる。俗界にある同僚たちは、顧客を維持するのに悪戦苦闘しているというのに。

＊

君はたしか、死などは存在しないといった。その通りだと私も思う。ただし、そのあとですぐ、何ごとも存在しない、という風に語法の正確を期してもらいたい。何にでも無差別に実在性をくれてやるくせに、あれほど明白な実在と見えるものには出し惜しみをする。無茶も極まるではないか。

＊

無分別にも誰かに秘密を打ち明けてしまったら、その人間に秘密を洩らさずにいてもらう唯一の方法は、即座に彼を殺すことだ。

＊

「さまざまな病気のうち、あるものは日中、あるものは夜、好きなようにして人間を訪れ、人間たちに苦痛をもたらす。――ただし、沈黙のうちに。賢明なゼウスは、病気どもに言葉を禁じたからである」（ヘシオドス）

幸いにして、というべきだろう。病気は啞の状態でも、すでにして残忍なものなのだから。たった一つでも、自分で前触れをする病気などが考えられようか。徴候のかわりに布告とは！ ゼウスも一度ぐらいは細かい心くばりをしたものと見える。

＊

不振に悩むとき、人間は冬眠すべきだ。憤懣や激怒でむざむざと精力を消耗させずに、力の備蓄のため、夜となく昼となく眠りこけるべきである。

＊

私たちがある人物を賛美するのは、その人物に対しておおかた責任を負わずにすむときだけだ。賛美は尊敬とはなんのかかわりもない。

＊

人間を烈《はげ》しく憎むことには、なかなか粗略にはできぬ美点がある。つまり、この憎しみそれ自体のもたらす衰弱のせいで、人間を我慢することができるようになるという点だ。

＊

鎧戸《よろいど》を閉じ、闇のなかで横になる。外界とその物音は、少しずつ鮮明さを失い、気化していってしまう。在るのはもはや私と……いや、そこが大事なところなのだ。隠者たちは、自分のなかの、もっとも深く隠されたものと対話しつつ、生涯を終えた。なぜ私も彼らに倣《なら》って、この苛烈きわまる訓練に没頭し、自身の存在の最深部にまで達することができないのだ？　肝心なのは〈わたし〉と〈自己自身〉との対話であり、一方から他方への移行であるわけだが、これは絶え間なく作業を再開始して、〈わたし〉が〈自己自身〉に、つまりその精髄への翻態に吸収されつくさなければ、価値がないものなのだ。

＊

神の傍にも不満は渦巻いていた。その何よりの証拠が、反逆第一号としての、あの天使たちの反逆である。創造のあらゆる階梯《かいてい》にわたって、被造物たちは、他者の優越を許してやれないものだと考えていいだろう。嫉妬する一輪の花さえ脳裡に描くことができる。

美徳には顔がない。人称を持たぬ、抽象と因襲の申し子であるゆえに、美徳は悪徳よりもはるかに早く磨滅してしまう。悪徳のほうは格段に活力を蓄えており、年齢とともに輪郭を鮮明にしつつ、いよいよ悪化してゆく。

＊

「万物は神々に充たされている」とターレスはいった。あたかも、哲学のあけぼのであった。あけぼのの真反対、この薄暮の時にまで辿りついた私たちは、単にシンメトリーへの配慮のみならず、また明証への敬意からして、「万物は神々を欠いている」と宣言することができる。

＊

村を眼下に見おろすその墓地には、私しかいなかった。するとひとりの妊婦が入ってきた。ただちに私は墓地を出た。この屍《しかばね》を孕《はら》んだ女をちかぢかと見るに忍びず、攻撃的な腹部と、ひっそり静まっている墓石との、贋の約束と、あらゆる約束の終末との対照について、あれこれ思いめぐらすのがいやだったからである。

祈りたいという心は、信仰とはなんの関係もない。それはある特殊な心的衰弱の底から生まれ、その衰弱のつづくかぎり持続する。神々も、その追憶も永遠に消え果てたあとにまで。

＊

「いかなる言葉も、おのが敗北以外のものを望むことはできない」（グレゴリオス・パラマス）

＊

文学の一切にかかわるかくも根源的な断罪は、ひとりの神秘家の、つまり〈表現しえぬもの〉の専門家の口からしか、発せられるべくもなかった。

＊

古代には、特に哲学者たちのあいだに、すすんで故意の窒息死という挙に出る者が多かった。みずから死に至るまで呼吸を止めるのである。一切にけりをつけるための、このきわめて優雅な、きわめて実用的な方策は、いまや完全に消滅してしまい、いつの日か復活する見込みとてない。

＊

宿命という観念は、変化と歴史を前提にする以上、不易の存在には当てはまらない、とくりかえし説かれてきた。かくては神の〈宿命〉について語るすべがないはずだ。

理論的にはたしかにその通りだろう。だが実際には、人びとはつねに神の宿命を語ってきた。ことに、信条が崩壊し、信仰が動揺し、時間に対して真っ向から戦いを挑めそうなものはもはや何ひとつ見あたらず、神自身が全面的潮解のなかに呑みこまれるような時代に、それが顕著だった。

＊

人は意欲しはじめたとたん、悪魔の支配下に入る。

＊

生は何ものでもない。死こそ一切である。ただし、死であるところの、生と無関係な何かが存在するのではない。死を普遍的なものたらしめるのは、まさにこの鮮明な自律的実在性の欠如である。死は死固有の領土を持たず、自己同一性や限界や持続力を欠いた一切の事象とひとしく、遍在するものであり、総じて一個の破廉恥な無限性である。

＊

幸福感。いつもの屈折した気分も、気分の申し子ともいうべきさまざまな思考も、どうしても心に呼びさますことができず、正体の知れぬ力に押しゆるがされて、なんの理由もなく私は歓喜していた。出所の分からぬこの歓ばしい気分こそは、多忙な仕事を持ち、互いに競いあい、生産する人たちが味わうものにちがいない、と私は考えた。彼らは、自分らに否定の刃を向けてくるものについて、考えたくもないし、考える力もないという人間たちだ。たとえ考えたとしても、決して重大な結果にはならないのである。この記念すべき一日を通して、私がまさにそうした状態にあった。

*

注釈を排除する事柄について、なぜもっともらしい粉飾を凝らすのだ？　説明を施されたりすれば、原文はもはや原文ではない。人は一個の思想をまるごと抱いて生きるのであって、その思想の関節をばらばらにしたりはしない。思想と人は闘うけれども、思想の各段階を記述しはしない。哲学史とは、哲学の否定である。

*

かなり疑わしい心遣いというべきだが、正確にはいったい何ごとのゆえに自分が疲れているのか、私はぜひ知りたいと思った。そこで一覧表の作成に取りかかった。まだ未完成のうちから、一覧表はあまりにも長々しく、気力を殺《そ》ぐものに思われ、これならばいっそ、疲れそれ自体ということで手を打ったほうがましだと思われた。この心楽しい公式は、哲学的成分のおかげで、ペスト患者をも元気づけるほどのものである。

＊

統辞法の破壊と爆砕、曖昧さとおおよその勝利。すべてこうしたことは結構な話である。ただし、諸君は、ぜひみずからの遺書を作成してみるべきである。そうすれば、いまは亡き〈厳密〉が、そんなに軽蔑すべきことかどうか、ただちに判明するであろう。

＊

アフォリズムだって？　そいつは炎なき火だ。誰ひとりそこで暖を取ろうとしないのも無理はない。

＊

ヘシカスム主義者[*22]たちが称揚したあの〈途絶えざる祈り〉——私にはそこまで上昇することはできそうもない。たとえ気が狂《ふ》れたとしてもだ。信仰心については、私は氾濫とか、いかがわしい過剰とか、そのたぐいのことしか理解できない。禁欲は、もしそこに悪しき修道士の領分をなす一切のことどもが、つまり、怠惰、大食、悲嘆の好み、現世への欲望と反発、悲劇と洒落・地口《じぐち》とのあいだの分裂、内的な崩落を待ち望む心などに出会わぬかぎり、一瞬といえども私を捉えはしない……

＊

修道士の罹《かか》る倦怠の病を克服するのに、手仕事をすすめた教父がいたが、名は忘れた。すばらしい忠告だ。私は久しく、求めてこの忠告に従ってきた。ふさぎの虫は俗界での倦怠の病だが、どんな強力なやつでも、まめな手仕事に抗しきれまい。

＊

もう何年も、コーヒーぬき、アルコールぬき、煙草ぬきの生活だ。幸いなことに不安ぬきというわけにはいかず、これがどんな強烈な昂奮剤の代わりでも立派に務めてくれる。

＊

警察国家に対して突きつけるべきもっとも峻烈な非難は、体制下にある人びとが、用心のために手紙や内的日記のたぐいを、つまり文学の領域で贋物から一番遠くにあるものを、破棄せざるをえなくなるということだ。

＊

精神を目覚めさせておくのに、中傷という行為は、病気と同じくらい有効である。同じ警戒心、同じ痙攣《けいれん》的な注意力、同じ不安感、神経を鞭《むち》打つ同じ恐怖、同じ有毒な栄養の注入だ。

＊

私は取るに足りない人間だ。これには疑問の余地がない。だが、あまりにも久しく、一角《ひとかど》の者たろうと望んだせいで、ついにその欲を抹消できなくなってしまった。欲は、いわばかつて存在したことがあるゆえにいま存在し、棄てても棄てても私を苛《さいな》み、支配する。過去の闇に葬り去ろうとしても、まず甲斐はなく、欲は烈しく逆らい攻撃を再開する。かつて充たされたことがないものだから、欲は無疵《むきず》のままでおり、私の命令に屈服する気配は少しもない。自分の欲と自己とのあいだで引き裂かれている私に、いったい何をすることができようか。

＊

聖ヨハネ・クリマコスはその著『天国への階段』のなかで、傲慢な修道僧は悪魔に責められるまでもない、彼自身がおのれの悪魔なのだと書いた。

修道院生活に失敗したXのことを考える。彼ほど、現世で卓越し、光輝に包まれるよう生まれついた者は類例がない。謙譲や服従にはまるで向いていない人間なのに、彼は孤独を選び、孤独にのめりこんだ。この人物のうちには、同じ聖ヨハネ・クリマコスの言葉を借りれば、〈神の愛人〉となるべき素質の片鱗もなかった。人は冷笑をもっておのが救いを得ることはできず、他人に救済の助力を与えることもできない。冷笑を用いてなしうることはたった一つ、おのれの傷口に――あえて嫌悪感にとはいわぬとして――偽装を施すこと、これだけだ。

＊

いささかの野心も持たずに生きること。もしそれができれば、擢《ぬき》んでた力業とも、大いなる好運とも称してよかろう。私もそうあるべく、わが身に強いてみる。だが、みずからに強いるという事実は、なお幾分か、野心の彩りを帯びるのである。

＊

沈思の、あの空っぽな時間こそ、実は比類のない充溢の時である。私たちは、中身のうつろな瞬間ばかり重ねたからとて、恥じる必要はない。外見《そとみ》は空虚でも、内実は充たされているのだ。沈思はこの上もない閑暇だが、その秘訣はすでに見失われてしまった。

＊

高貴な所業はつねに疑わしいものである。果たしたあとで、人はかならず悔恨に責められる。すべて贋物であり、お芝居であり、ポーズであるにすぎない。下劣な所業を悔いるのと大差がないというのは、本当の話なのだ。

*

自分の生涯の、どれといって選ぶまでもない、この上もなく熱狂した瞬間でも、一番無色だった瞬間でもいい、思い出してみる。いったいいま、何が残っているか？　それらさまざまな瞬間相互に、どんな違いがあるというのだ？　すべてが似たようなものになり、起伏も実在感も失せてしまった以上、私は、何も感じていなかった時こそ、実は真実への至近距離に——言いかえれば、こうして自分の体験をざっと復習《さら》っている現在の私から、至近のところにいたことになる。何によらず、体験したからとてそれがどうした？　記憶力も想像も、もう二度と、〈エクスタシス〉を蘇らせることはできない。

*

誰にも、最後の瞬間以前には、自己の死を使い果たすことはできない。死は、息が絶えかけて生まれた嬰児にさえ、何かしら新しいものを宛《あて》がうのである。

＊

ユダヤ神秘学によれば、神は最初から魂を創造したとおぼしい。魂の群れは、のちに肉体化するときに採るはずの形をまとって、神の前に勢揃いしていた。どの魂も、機が熟すと、定められた肉体と合一しにゆくよう命じられる。だがまたどの魂も、無駄な抵抗ながら、創造の神にむかって、そんな隷属と汚穢《おわい》はどうか容赦していただきたいと哀訴したという。私の魂の番がまわってきたとき、避けるべくもなく起きた情景を思えば思うほど、ほかの魂より一段と肉体化をいやがった魂がいたとしたら、まちがいなく私の魂だったろうと考える。

＊

人びとは懐疑家に辛《つら》く当たり、〈懐疑の自動現象〉について言葉を費やす。ところが信仰を持つ人間に対しては、決して、その人間が〈信仰の自動現象〉に落ちたなどとはいわない。しかしながら信仰には、懐疑よりもはるかに機械的な性格がある。懐疑のほうが、驚きから驚きへ移り歩くという弁明の余地があろう。たとえそれが錯乱の内部でのことであるにしてもだ。

＊

私たち各自のなかに、あるかなきかの光がある。個々人の生誕の以前にまで、いや万象の生誕以前にまで遡る微かな光だ。さて、遥か遠方には広大な光があり、私たちにはなぜ自分がその光から隔離されたのか、永遠に知るすべはないのだが、もし私たちがこの光明ともう一度交わりを結びたいと希うのならば、おのれのなかの微光をこそ大切に守ってゆかねばならない。

＊

いまこそ永遠にわが身を抹殺すべき瞬間なのではないか、と考えずには、ただの一度も、私は真の充溢感を、真の幸福感を味わったことがない。

＊

形而上学と道楽仕事、測るすべもないものと奇譚・逸話のたぐい、そのあいだに立って選択をせねばならぬこと自体、無駄ごとと見えるような瞬間がある。

＊

キリスト教が異教に比してどれほど後退したかを知るには、教会教父たちが自殺について弁じたあの貧弱な言葉と、同じ主題について、プリニウスが、セネカが、いやキケロでもいい、それぞれに表明した見解とを比較してみればすむことだ。

＊

人びとが喋っている言葉には、どんな意味があるのだ？　ひとつの談話を構成しているこの一連の節は、何か意味を持っているのか？　第一、このいくつかの節は、一つ一つ取りあげてみると、いったいこれは何か目的を持っているものなのか？

こんな質疑は棚あげにするか、なるべくその回数を少なくするかしなければ、人は話すことができない。

＊

「わたしには一切がどうでもいいことだ」——もしこの言葉が、たった一度だけでも、冷たく、その意味するところを知りつくした上で発せられていたら、歴史は無実を証明されるだろう。歴史とともに、私たち全員が。

＊

「世の人がこぞってあなたがたを褒めたたえたならば、災いと思うがよい[*23]」

こう言ってのけたキリストは、おのが末路を予見していたのだ。いまや、あらゆる人びとがキリストを称えており、もっとも容赦ない不信者までが、いや彼らこそが、称賛の声をあげている。キリストは自分がいつの日にか、万人の賛同に圧倒されるだろうと知りぬいていた。原初期に受けたような無慈悲な迫害をもう一度蒙《こうむ》らなければ、キリスト教はもはや駄目である。キリスト教は是が非でも敵を作らねばならず、かずかずの大災厄をみずから招来しなければならない。ただ新しきネロ帝のみが、なおキリスト教を救いうるかもしれない……

＊

ごく近い過去に吐かれた言葉は信じられても、一万年の昔に行われた対話を思い描くのはむずかしい。一万年とはいわず千年の未来にさえ、対話などがありうると想像するのは、さらにむずかしい。

＊

精神病医の著作なら、患者の言葉しか私には興味がない。評論の場合は、引用部分だけだ。

＊

そのポーランド女は、健康だの病気だのという次元を越え、生きるの死ぬのという次元をも越えてしまっており、誰にも、何ひとつとして、その女のためにしてやることはできない。幽霊を癒すことは不可能だし、まして生きながらの解脱者を癒せるわけがない。癒してやれるのは、この地上に所属し、どんなに上っつらだけではあっても、地に根を生やしている者だけだ。

＊

私たちが通過しつつある不毛の時代は、あたかも、私たちの明察の増進期に、私たちのなかに棲《す》む精神錯乱者の活動休止期に当たっている。

＊

自分の身についた術《じゅつ》の極限まで、いやもっとだ、自分の存在そのものの極限まで行くこと、それが、誰であろうと、多少とも選ばれてあると自負する者の掟である。

＊

人間が自由だという幻想を抱けるのは、言葉のおかげである。人間がもし、一言も喋らずに事をなしたら、ロボットとまちがえられるだろう。言葉を操作しつつ、人間はおのれを欺き、他人を欺く。自分が実行しようとしていることを予告できる以上、どうしてその人間が、みずからの行為の統率者でないなどと考えられようか？

＊

本心の奥のまた奥で、各人は自分が不死の者だと感じもし、信じもしている。いますぐ絶息するのだと、知らねばならぬその瀬戸際でさえも。人はただ死だけを除いて、一切を理解し、許容し、実感することができる。休む間もなく死を考え、死を甘受する覚悟ができたときでさえも。

＊

その朝、屠殺場で、殺しの場へ歩いてゆく獣たちを見た。ほとんど例外なく、獣たちは最後の瞬間になって前へ進むのを拒否した。一歩を踏み出させるには、後脚を撲《なぐ》りつけねばならなかった。

眠りに見放され、一日も欠かさぬ〈時間〉の拷問に立ち向かう勇気を失ったときなど、よくこの光景が脳裡によみがえってくる。

＊

万物の移ろいやすい本性を見抜くことにかけては、私は傑出していると自負する者だ。まことに奇妙な傑出ぶりであって、私の一切の歓びを、いやそれどころか、もろもろの感覚をすらそれが廃物にしてしまうのだ。

各人が、生を享《う》けた最初の瞬間の罰を受けている。

＊

たった一秒だが、ヴェーダーンタ哲学の心酔者が、婆羅門《バラモン》教の最高原理に魂を奪われたときの気持ちを、私も実感できたように思った。この一秒を、無際限に引きのばせたらどんなによかったろう！

＊

私は懐疑に不安の治療薬を求めた。するとこの薬は、ついには痛みと共同戦線を張るに至った。

＊

「ある教えが広まるとすれば、それは天が望んだのである」（孔子）
……あれこれの血迷った思想が凱歌をあげているのを見て、私の憤怒が卒中の域を掠《かす》めるようなとき、私はいつもこの言葉で心を鎮めようとする。

なんと大勢の、狂熱に囚われた者、心狂える者、堕落の淵にある者らを私は賛美してきたことか！　もう二度と、どんな類《たぐい》のものであれ、大義を担《かつ》ぎまわることはありえないと考えると、ほとんどオルガスムスに似た慰めが得られる……

＊

軽業師《かるわざ》か？〈観念〉に取り憑かれたオーケストラ指揮者か？　興奮の極に達するかと思うと、たちまち鎮静する。アレグロとアンダンテのあいだを往復し、バラモンの行者のように、あるいは詐欺師のように自己を統御している。喋っているあいだ中、何かを探し求めているような印象を与えるが、それが何なのかまるで分からない。思想家を剽窃するすべにかけては練達の士だ。もし彼がたった一言でも明瞭なことをいったら、ただちに破滅である。ところが彼は、聴き手と同じく、結局のところ何がどうなるのか分からないので、何時間でも喋りつづけることができ、耳を傾ける傀儡《くぐつ》どもの感嘆もまた、尽きるということがない。

＊

時代と喧嘩しながら生きるのは、一個の特権である。四六時中、自分はほかの連中のようには考えていないのだ、という自覚がある。この鋭い違和感は、どんなに貧弱な、不毛なものと見えようとも、なおある哲学的な定款を持っており、時代の諸事件と折れ合った思考には、求めようのないものなのだ。

＊

「どうにもならないよ」――現在について、将来について、物ごとの成り行きについて、私が何を言い、どんなことを耳もとで怒鳴ってやっても、その九十になる女はそう答えるばかりだった……

なんとかして別の返事を引き出したく、私はなお、自分のさまざまな懸念や苦情や不平を総ざらいしながら、老女に問いつづけた。だが果てしのない「どうにもならないよ」しか得られず、私もついにはうんざりし、自分に対しても、老女に対しても、苛立ちを抑えかねるままに立ち去った。白痴女に本心をさらけだすとは、まさに正気の沙汰ではない！

外へ出たとたん、気分は一挙に逆転した。「いや、あの婆さんにこそ理があるというものだ。婆さんの馬鹿の一つ覚えには真理が隠されている。どうしてすぐ気づかなかったのだろう。しかもその真理こそ、おそらくは比類を絶して重大なものだったのだ。この世に生起する事象はすべて、その真理を公言しており、人間の内なる一切がそれを拒絶しているのだからな」

X

二種類の直観——本源的な直観（ホメロス、ウパニシャッド、民間伝承）と、後ればせの直観（仏教、マハーヤーナ、ローマ期のストア哲学、アレクサンドレイアのグノーシス説）。最初の稲妻と、衰弱した微光。意識の目覚めと、目覚めていることの倦怠。

＊

滅び去るものは、実はかつて存在したことがないのだ、というのが本当なら、滅びゆくものの源泉たる生誕は、他の一切の事象とひとしく、存在の影がきわめて薄い。

＊

婉曲語法に御用心あれ！　粉飾をほどこすはずの醜怪なものを、それは一段と醜怪にしてしまう。死亡した、あるいは死んだというかわりに、お隠れになったなどという言葉を用いるのは、突拍子もないこと、あえていえば気の狂《ふ》れた仕業ではあるまいか。

＊

必滅の存在たることを忘れるとき、人はみずからを大業成就に宛てられた者と思いなし、稀にはその大業を果たすことさえある。節度の放棄が生むこの種の忘却は、一方では人間のさまざまな災厄の源泉でもある。「必滅の者よ、必滅の存在として思考するがよい」。古代は悲劇的廉恥とでもいうべきものを発明した。

＊

ローマ皇帝たちの騎馬像のなかで、マルクス・アウレリウスの像だけが、蛮族の侵攻と時間の腐蝕作用に堪え、生き残った。彼は一番皇帝らしくなかった人で、おそらく皇帝以外のどんな身分にでも順応したにちがいない。

＊

頭のなかに山のような計画を詰めこんで起床し、すぐにも仕事に取りかかるつもりだった。午前中いっぱいそういう確信があった。そして机の前に座った。とたん、あのいやらしい、陋《ろう》劣《れつ》な、口説き上手なおきまり文句が、一撃のもとに私の飛躍の翼を叩き落とした。「いったい何を尋ねてこの世へ来たのかね？」そこで私は、いつものようにベッドに舞い戻った。何か返答らしきものを見つけようと、いや、むしろもう一度眠りこみたいものだと考えて。

＊

事象の水面だけにかかずらっているときは、人は断固として選択し、決定する。だが、ひとたび水底へ降りたら最後、もはや決定も選択もあったものではない。水面を恋いこがれることしかできはしない……

＊

欺かれることを怖れるのは、〈真理〉探求の卑俗な一形態である。

＊

おのが正体を知りぬきながら、なおおのれを侮蔑しきれないのは、私たちが疲れすぎていて、極端な感情に身をゆだねられぬせいである。

＊

一つの教義、信条、体系を追いつづけると、心情を枯渇させかねない。特に作家の場合がそうだ。ただし、よくあることだが、その作家が、みずから援用するさまざまな思想と、真っ向から衝突しつつ生きているときは別とする。この衝突あるいは裏切りこそが、その作家を刺激し、不安感と鬱屈と恥辱で彼を包んでくれる。制作の好条件と見るべきである。

＊

楽園とは、人が一切を知りながら、何ひとつとして説明を試みない場所であった。罪以前の、注釈以前の世界……

＊

幸いにして私は信仰を持たない。もしそんなものを持っていたら、毎日失《な》くすのを怖れながら生きることになる。かくては信仰も邪魔になるばかりだ。

＊

自分の正体を心得ており、それゆえわが身の観客をも兼ねている山師、いわゆる〈食わせ者〉は、堅実で善行に富み、一枚岩で出来あがった人物よりも、当然のことながら認識においてはるかに深い。

＊

肉体を所有する者なら誰でも、堕地獄の人間という資格を要求できる。もしその上に〈魂〉

などという災いを持っているのなら、どんな呪いの叫びでも堂々と発してよい。

＊

一切を失った人間を前にしたとき、どんな言葉を発したらいいだろう。曖昧をきわめた、無意味に長たらしい言葉が、どんな場合にも一番有効なはずだ。

＊

後悔の至上権。私たちが成就しなかった行為は、私たちに付きまとって離れようとせず、私たちのほうでも絶えずその行為に思いを馳せる。かくてそれは、私たちの意識のただひとつの内容をなすのである。

＊

時には食人種になりたくなる。ただし、誰彼《たれかれ》を貪《むさぼ》り食らう楽しみより、食ったあとそいつを吐き出してやる楽しみのために。

＊

もはや人間であることを望まない。……何かまったく別の、失墜の形式を夢みる。

＊

曲がり角に来たな、という感じがあったら、ながながと寝そべって時間をやりすごすにかぎる。直立したままなされた決断にろくなものはない。傲慢か恐怖の声にそそのかされた決断にすぎないのだから。たとえ横になっても、この二つの災いに見舞われるのは変わりないが、二つとも直立のときより軽微だろうし、現世の生臭さもはるかに少ないはずだ。

＊

自分の一生がなんの実《み》も結ばなかったと嘆く者がいたら、生それ自体が、もっと悪いとはいわぬまでも、似たような事情にあることを思い出させてやるにかぎる。

＊

作品は死ぬ。断章は、かつて生きたことがない以上、死ぬこともありえない。

＊

付随的なものに対する嫌悪のあまり、私は全身に麻痺を起こしそうだ。ところが、付随的なものこそ、相互伝達の（したがって思想の）本領であり、言葉と文章の血肉なのである。これを断念するくらいなら――骸骨と姦淫の罪でも犯すがいい。

＊

命じられた仕事をやってのける満足感は（特に、仕事を信じておらず、軽蔑さえしている場合）、その人間がまだいかばかり深く、賤民の群れに根を下ろしているかを示すものだ。

＊

私にもし功績があるとすれば、完全に無効な人間だという点にではなく、そうありたいと望んだ点にある。

＊

私が自分の出自・血統をあえて偽《いつわ》ろうとしないのは、結局のところ、何者かであるようなふりをするより、まったく何者でもないほうがましだろうからである。

＊

自動現象と気紛れの混合物たる人間は、欠陥つきのロボット、調子の狂ったロボットである。どうかそのままでいてもらいたい。誰も機械を直したりしないでもらいたい！

＊

忍耐強いのもいるし、性急なのもいる、だが、ともかく人間各自が久しいこと待ち望んでいるものは、明らかに、死だ。ただし人間がそのことを知るのは、死がやってきたとき……死を享受するにはもはや遅すぎるときでしかない。

＊

人間は言葉を発するよりもずっと以前から、すでに祈りはじめていたにちがいない。というのも、動物性を否認し放棄したとき、人間の体験した恐怖は、唸《うな》り声や呻《うめ》き声をあげなければ、とても堪えられたものではなかったろうからだ。この唸り声、呻き声こそ、祈りの予示であり、先触れの徴《しるし》であった。

＊

芸術においても、他の諸分野でも、解説者は通常、解説される者よりも老練であり、明晰である。被害者に対する殺し屋の優位だ。

＊

「神々に感謝を捧げよう。神々は人間の誰ひとりをも、力ずくで生に縛りつけようとはなさらない」

セネカは（カリグラ帝によると、セネカの文体には膠着剤が欠けているとのことだが）、本質的なものに関して率直だった。しかもそれが単に、ストア派に加盟していたからというわけではなく、当時とりわけ野蛮の風の充ちていたコルシカ島への、八年にわたる流刑のためなのである。この苦難が、軽佻《けいちょう》だった一個の精神に、並みの流儀ではとても獲得できない大きさと深さとを授けた。そのため、セネカは病気の力を借りるまでもなかったのだ。

＊

この一瞬、それはまだ私の一瞬だ。だがもうそれは流れ去り、逃げ去り、闇に呑まれてしまう。それでは次の一瞬と関わりを結ぶとしようか。私は心を決める。その一瞬がくる。それは私の所有物だ、そしてもう、それは遠くにいる。朝から晩まで、過去を製造しつづけるとは！

＊

神秘家たちの側《がわ》に立って万事を試みたが、すべて徒労に終わり、ついに彼にはたったひとつの脱出口しかなくなった。叡知のなかへと没落すること、これだ……

＊

哲学的と称される問いをわが身に課し、あの避けがたい哲学用語を用いはじめると、とたんに人は優越者の攻撃的な相貌を見せる。しかもそれが、解決不能のものこそが必要とされる以上、謙譲もまた必至のものとされる一分野でのことなのだ。こんなありさまを異常と見るのは、しかし物ごとのうわべしか見ないやりかただ。取り組む問題が重要であればあるほど、人は正気を失うのである。そしてついには、その問題が持っている大きさと深さとを、おのれに貸し与える始末になる。神学者の尊大さが、哲学者の尊大さよりも一段と〈悪臭〉を放つのは、神の問題にかかずらったら無事ではすまぬことを示している。人は思わず知らず、神の属性をいくつか、むろん最悪の属性をだが、わがものと僭称するようになる。

＊

自分とも世人とも仲睦まじくしていると、精神は青白く萎《しお》れる。精神は逆に、どんな小さな不一致からでも花開くだろう。思想とは、結局のところ、私たちの鬱屈と失寵との恥知らずな開発でしかない。

＊

かつては忠実だったこの肉体が、いま私を否認し、もう私に追随しようとせず、共犯者の役を降りてしまった。捨てられ、裏切られ、お払い箱にされたこの私はどうなるというのだろう。もし昔なじみの病弱が、変わらぬ仁義を証《あか》すために、夜となく昼となく私に同伴してくれなかったならば。

＊

〈高雅な〉人びとは、言葉の分野で発明の才を示すことはない。ところが即興で大法螺《おおぼら》を吹く連中や、情感の色どりを添えた野卑な言動に耽るような者どもは、この分野で傑出する。そういうのはみな強烈な個性を持った人種で、じかに言葉から栄養を吸って生きている。言葉の天分は悪所の管轄下にあるのか？　いずれにせよそれは、最小限の陋劣さを必要としている。

＊

人はただひとつの国語を墨守すべきだ。そして機会あるごとにその国語の知識を深めるべきだ。作家ならば、門番の内儀《おかみ》とお喋りをするほうが、外国語で学者先生と話しこむよりもずっと有益である。

＊

「全一者だという意識と、まったく取るに足りない者だというこの自明性」——若いころ、たまたま私はこの一片の文章にぶつかった。私は衝撃で気が顚倒《てんとう》した。当時の私が実感していたこと、その後も実感を重ねてゆくであろうこと、それがこの途轍《とてつ》もない、しかし平凡な言葉のなかに集約されていた。それは心の晴朗さと挫折との、恍惚と窮境との総合だった。啓示は逆説からではなく、自明の理から閃《ひらめ》き出《で》ることが多い。

＊

ポエジーは、計算や事前の熟考を斥《しりぞ》けるものだ。それは未完成であり、予感であり、深淵である。甘えと満足の幾何学でもなければ、貧血した形容詞の羅列でもない。しかも私たちは、あまりに深く傷を負い、あまりにも堕落し、あまりにも疲れ果て、その疲れのなかであまりにも野卑に生きているので、いまさら技巧の冴えを味到《みとう》するべくもないのだ。

＊

進歩の観念を人は欠かすことができない。しかもそれは、留意し強調するだけの値打ちを持っていないのだ。その点、生の〈意味〉と似たようなものである。生は一個の意味を持たねばならない。だが、検証のすえ、まるで取るに足りない正体を晒《さら》さずにすむ〈意味〉が、ひとつでも存在するだろうか？

＊

虐殺された樹木。家屋が出現する。いたるところ、面《つら》また面だ。人間は広がる。人間とは地球の癌《がん》だ。

＊

宿命という観念には、何かふんわりと包みこんでくるような、官能的なものがある。躯を暖めてくれるのである。

＊

飽満・倦怠の、あらゆるニュアンスを知りつくした穴居人……

＊

おのれを中傷する快楽は、中傷される快楽にはるかに優《まさ》る。

＊

一切を渇望する心を抱いて出生したのは、怖ろしいことである。私自身が、誰よりもよくこのことを知っている。毒入りの贈りもの、神意の復讐だ。かくも重い荷を負わされては、どこに、何ごとに到達するすべもなかった。ただしこれは精神の次元の話であり、その余のことは問題にならない。私の挫折は偶発事ではなかった。私の本質とそれは絡まりあっている。

＊

神秘家たちとその〈全集〉。神に語りかけるのなら、しかも彼らの主張するごとく、神だけに語りかけるのであるならば、書くことは控えなければならない。神は本を読まない……

＊

本質的なものについて考えこむたびに、私はそれを沈黙や感情爆発や、茫然自失、あるいは叫喚《きょうかん》のなかに垣間みるように思う。決して言葉のなかにではない。

＊

一日いっぱい、生誕という事実の不都合を思いめぐらしていると、人間の計画し実行することがどれもこれも、つまらぬ、無益なものに見えてくる。快癒したあと、通り過ぎてきた危機のこと、脱け出してきた〈夢〉のことばかり反芻している狂人のようなものだ。狂人はその〈夢〉に間断なく立ちもどるので、快癒したことがなんの利益ももたらさないのである。

ある種の人間にとって責め苦への渇望は、他の人びとを襲う金儲けの誘惑にひとしい。

＊

人間は幸先のよくない出発をした。楽園でのあの不運は、この出発の最初の結実である。その後、不運が続出したのになんの不思議もない。

＊

自分が、少なくとも永遠の存在ではないと知っていながら、なぜ人間は生きてゆけるのだろう。私にはどうしてもこれが理解できない。

＊

理想的な生きもの？　ユーモアで荒廃したひとりの天使。

＊

欲望と嫌悪と魂の晴朗をめぐる一連の質疑のあと、ある者がブッダに尋ねた。「涅槃《ねはん》の目的は、最終の意味はなんですか」。ブッダは答えず、ほほえんだ。この微笑をめぐって人びとはさんざんあら捜しをした。なんの根拠もない質問に対するごく当たり前の反応を、そこに読み取るべきだったのに。そういう反応は、私たちが子供のなぜを前にして、いつもやっていることである。私たちは微笑する。どんな答えも思いつかないからだし、答えればその答えが問いよりもさらに意味のないものになるからだ。子供は何ごとにも限界を認めない。彼らはいつもその向こうを眺めたいと希い、後ろにあるものを見たいと望む。実は後ろなどありはしないのに。涅槃はひとつの限界である。限界一般である。解放であり、至高の袋小路である……

＊

存在界は、騒音が登場する前、さしあたり新石器時代よりも前までは、たしかになんらかの魅力を備えていたと覚しい。

人間という人間を追っぱらってくれる人間は、いつ出現するのだろう。

＊

人間の寿命は死産児を越えるべきではない。そんな風に極論してみても所詮は甲斐のない話である。最初のチャンスでこの世におさらばするかわりに、人は狂人そのものの腕力で、一日でも余計にと現世にしがみつく。

＊

明晰さが生の欲望を根絶やしにするなどということはない。とんでもない話であって、単に生への不適格者を生むだけのことだ

＊

神とは一個の病気である。誰もそれがもとで死ぬことはないものだから、みんなが直ったと信じこんでいる、そういう病気だ。

＊

無意識こそは生の秘訣、生の〈生活原理〉である。……これだけが自我に対抗でき、個別化の悪に逆らうことができる。意識の腐蝕力に抵抗するための、唯一の頼みの綱だ。意識の支配圏はきわめて強大であり、とても正面から立ち向かえる相手ではない。よほどの剛力の士にのみ、ゆだねられるべき作業である。

＊

どのような種類のものであれ、成功は例外なく内面の貧困化を招く。私たちにおのが正体を

忘れさせ、人間に限界があるという痛苦に充ちた意識を、私たちから奪い去ってしまう。

*

私は自分のことを一度も存在とみなしたことがない。私は非市民、員数外の者、過度の、ありあまる空無性だけを存在理由とする、無のまた無だ。

*

諷刺と嘆息との中間、いずことも知れぬ場所で難破してしまった！

*

苦痛は人間に眼を開かせ、ほかの方法では知覚できないような事象を、まざまざと見せてくれる。したがって苦痛は認識にしか役立たず、それ以外の場では、生に毒を塗りこめるだけである。ついでに言っておけば、そのことがさらに認識を助長する。

「彼は苦しんだ。ゆえに彼は理解した」――病気や不正や、何か別の不運の変種に襲われた者について、私たちが言えるのはこれだけだ。苦痛はどんな人間をも、より良き者にしたりはせず（もともと善良な人間は別だ）、すべての事象が忘れられるようにして忘れられる。〈人類の世襲財産〉には入らないのである。また、どんな形にせよ、保存されるということはない。すべての事象が滅び去るようにしてそれは滅び去る。もう一度いおう。苦痛は人に眼を開かせるだけだ。

＊

人間はすでに言うべきことを言った。いま、人間は休息に入るべきである。だが人間がそんなことに同意するはずはない。もはや生き残りの段階に入っているというのに、あたかも洋々たる前途に臨むかのごとく、猛然と動きまわっている。

＊

叫びは、被造の世界でしか意味を持たない。創造者がいないとしたら、自分に注意を惹きつけてみせても、なんの役にも立つまい。

＊

「コンコルド広場まできたとき、わたしの脳裡を占めたのは、わが身を滅ぼすことであった[*24]」

フランス文学のすべてを通じて、この言葉ほど私に付きまとって離れぬものはない。

＊

何ごとであれ、問題とするに足りるのは始源と結末だけ、造ることと壊すことだけである。存在へと向かう道、存在から外へ出る道、これは息がつける。一陣の風だ。一方、あるがままの存在ときたら、まるで火消し壺のなかだ。

＊

歳月が経《た》つにつれて、私は自分の幼年期が楽園だったと信ずるようになった。だが、おそらく私はまちがっている。もし楽園があったとしても、私はそれを自分の生の時間よりも以前に探さなければなるまい。

＊

黄金律——わが身の、不完全な像を残すこと……

＊

人間は、人間であればあるほど、実在性という点でよけいに影が薄くなる。このことは、おのれの特殊な本質のために、人間が払わねばならぬ代償なのだ。人間がその特異性の極限までゆき、全的な、絶対的な様態で人間となるとき、どういう種類の存在にせよ、存在を想起させるようなものは、もはや人間のなかにまったく見つからなくなるであろう。

＊

運命の下す判決を前にして沈黙すること、何世紀にもわたる雷鳴のごとき哀訴・嘆願のあとで、古代の〈黙してあれ〉を再発見すること、これこそ私たちがわが身に強いてでも求めねばならぬものだ。これこそが私たちの闘いだ。ただし、予見され承諾された敗北が問題であるとき、闘いなどという言葉がなお適切であるならばだが。

＊

成功は、例外なく、人の名誉を損なうものである。人はこの成功の淵から二度とは立ち直れない。むろん、自分の眼から見ての話である。

＊

わが身にかかわる真実の怖ろしさは、人のよく堪えうるところではない。もはやおのれに対して嘘をつかなくなった人間は（そんな人間が存在するとしての話だが）、なんと同情の涙に値することか！

＊

私はもう賢者たちの著作を読むまいと思う。彼らはひどい悪事を私に対して働いた。私は自分の持てる本能に身をゆだね、おのが狂気を花と咲かせるべきだった。私はまったく逆のことをやってしまい、分別の仮面をかぶった。そして仮面はついに、顔そのものと入れ替わり、顔以外の部分まで横領してしまったのである。

＊

誇大妄想の虜《とりこ》になると、私は、自分の診断に誤りがあろうなどとは考えられぬ、じっと我慢していればいい、終わりまで、つまり最後の人間の登場まで待ちつづければいい、とわが身に言い聞かせる。最後の人間こそ、私の予見の正しさを立証してくれる唯一の存在なのだ……

＊

存在しなかったほうがいい、という考えかたは、猛烈な反論をこうむる思想の一つだ。各人は、自分を内部から見ることしかできないから、必要な人間、不可欠な人間という風にわが身を思いなしており、自分こそ一個の絶対的実在だと、ひとつの全一性だと、全一性そのものだと実感し、また認知している。おのれの存在そのものと完全に同化した瞬間から、人は神として行動する。人は神である。

内部から生きつつ、同時に自己の埒外《らちがい》に生きる。そのときはじめて、平静な心で、自分が存在するという偶発事は、まったく起こらなかったほうがよかった、と得心することができるのである。

＊

生まれながらの性向を素直に追ってゆけば、私は一切を爆破してしまうであろう。この性向に従うだけの勇気がないからこそ、罰として私は、安らぎを見出した連中と接触して、魯鈍《ろどん》の者となるべく努力しているのだ。

＊

ある作家が私たちに深い痕跡をとどめるのは、私たちがその作家のものを多読したせいではなく、度を越してまで私たちがその作家のことを考えぬいたせいである。私はことさらボードレールやパスカルに深入りしたわけではないが、彼らの悲惨を思わぬ時とて絶えてない。それは私自身の悲惨と同じほど忠実に、いたるところ私についてまわる。

＊

年齢を重ねるたびに、程度に差はあれ、いずれも明白な徴候が現れて、私たちに、この世におさらばする潮時だと警告する。私たちはためらい、一日延ばしにする。いずれ老年期が来れば、それらの徴候は、あれこれ迷うのは作法に悖《もと》ると見えるほど、歴然となるにちがいないと信じているからだ。たしかにそれは歴然としはする。しかし、私たちはもはや、ひとりの生者として為しうる唯一の礼儀正しい行為を、敢行するだけの活力を失っているのである。

*

子供のころ有名だったある人気俳優の名が、ときどき脳裡によみがえってくる。誰がいまそのスターを覚えているだろう。ながながしい哲学談義などよりも、この種の些事のほうが、時間の怖るべき実在性と非実在性とを、ともどもに教えてくれる。

*

何はともあれ、私たちが首尾よく生きつづけているのは、私たちの病弱・不具が、おそろしく多岐にわたり、また相矛盾するものであって、ついには相殺されてしまうからである。

*

思い返して心の慰めを得られるような唯一の場景は、私がどこの誰にとっても、何ものでもなくありたいと希ったときの場景だ。誰であれ、ひとさまの記憶に、ほんのわずかでも痕跡を止《とど》めようとする根性が、浅ましく思われたときの場景だ……

精神上の達成に不可欠な条件――つねに拙劣な賭けをしてきたということ……

＊

失望の、あるいは憤激の度数をなんとか減らしたかったら、あらゆる時、あらゆる場合に、次のことを想起すべきだ。すなわち、私たちは互いに相手を不幸にするために生きており、この事態に逆らうのは、共同生活の礎石そのものを掘り崩すにひとしいのである。

＊

病気は、私たちが病名を告げられ、頸《くび》に縄をつけられる瞬間から、ようやく自分の病気となるにすぎない。

＊

私の思想は、一切をあげて諦観をめざしている。しかも私が神に対して、また人に対して、なんらかの最後通牒を練りあげない日とてはただの一日もない。

＊

各人が、生誕とはひとつの敗北だと了解するとき、人間の生活はようやく堪えうるものとなり、あたかも降伏の翌朝のような、敗者の安堵と休息のような趣を呈するであろう。

＊

人びとが悪魔を信じていたあいだは、この世に起こることはすべて理解可能であり、明瞭であった。悪魔を人びとが信じなくなって以来、何か事件が起こるたびに、新しい解釈を追い求めねばならなくなった。その解釈たるや、労多きものであると同時に勝手気ままなものであり、万人の気を惹きながら、なお誰をも満足させることができない。

＊

私たちはかならずしも常に〈真実〉を追求しているわけではない。だが、ひとたび真実を、渇望をもって、激情をもって追いはじめると、私たちはすべての表現なるものを憎み、語と形式に依存するものを憎み、低俗な嘘よりももっと真実から遠い、すべての高貴なる嘘を憎む。

＊

激しい感情か、犬儒主義に発するものしか実在性を持たない。その余のものはすべて〈才能〉でしかない。

＊

活力と拒絶の意志とは両輪をなしている。寛大さは貧血のしるしであって、笑いを廃棄するものだ。あらゆるかたちの不同、相違を前にして頭《こうべ》を垂れるのだから。

＊

私たちの生理的欠陥は、私たちに自信をもって未来に直面させてくれる恩人だ。過度に動きまわる無駄を省いてくれるし、私たちの長期計画のうちどれひとつとして、精力の資産蓄積を使い果たすほどの時間を取れないように、最善を尽くしてくれるのである。

＊

ローマ帝国は崩壊の軋《きし》り音《ね》をあげ、蛮族たちは移動をはじめていた。……どうしたらいいのか。浮き世から逃亡するより仕方があるまい。

逃亡すべき場所があり、孤独者のための空間が入手しやすく、むこうから歓迎してくれさえした幸福な時代！　私たちはいま一切を奪われている。沙漠までも。

事象の仮面を剝ぐという憂うべき習慣に染まった者から見ると、事件と誤解とは同義語でしかない。

＊

本質的なものへ迫ろうとするのは、試合を棄てることであり、敗北を認めることである。

＊

Xは自分を〈火山〉に喩《たと》えるという挙に出たが、おそらくまちがってはいない。ただし、あまりに微細な点にまで立ち入りすぎたのは、Xの誤算である。

＊

貧者は、金のことを考え、それも絶える間もなく考える結果、ついには非所有の利点を失って、金持ちどもと同じほど低いところへ落ちてしまう。

＊

ただの空気、要するに風、あるいは、たかだか煙――初期のギリシア人たちは霊魂をそんな風に考えていた。私たちにしても、みずからの我《が》を、あるいは他者の我をひっかきまわして、その深みに何か突拍子もないものを、できれば正体不明のものを探し出そうとし、そのあげく探しくたびれたときなど、いつでもこのギリシア人たちに理ありとせざるをえない。

＊

無関心への最後の一歩は、無関心という観念そのものの破壊である。

＊

森に入って、秋が装いを変えた羊歯《シダ》の葉の、二列縦隊のあいだを歩く。これこそが凱旋だ。これに比べれば、民衆の歓呼の声がそもそもなんだというのだ？

＊

自分の肉親・血族をおとしめること。彼らに悪罵を放ち、彼らを撃滅すること。自分の土台石を攻撃し、基底部においてみずからを叩きのめし、おのが出発点を破滅させ、出自そのものについておのれを罰すること。……あの非選民ども、矮小《わいしょう》な、なんの取り柄もないやから、欺瞞と哀歌の板ばさみになり、たったひとつの使命というのが、使命なんか持たぬことでしかない、あの連中を呪ってやること……

執着の絆をすべて断ち切った以上、私は解放感を味わってしかるべきだろう。たしかに私は一種の自由の感覚を味わってはいる。あまりに強烈で、享受するのが怖ろしいほどの自由の感覚を。

＊

事物を真正面から見すえる習慣が、錯乱の域にまで達すると、人は狂熱の徒だったかつての自分に哀悼の涙を注ぐ。いまは亡き狂熱の徒に。

＊

XI

はるか高みにまで祭りあげた人物が、ふさわしからぬ行為に出たとき、その人物は前よりも私たちに親《ちか》しい存在となる。以後、私たちは、崇拝という刑苦を免除してもらえるのである。問題の人物に私たちが真の愛着を覚えるのは、そのときからだ。

＊

小心ゆえに犯された陋劣な行為、野卑な振る舞いを、その重さ、由々しさという点で凌駕するものは一つもない。

＊

フロベールは、ナイル河とピラミッドを前にしながら、ただノルマンディのことしか考えず、いずれ完成すべき『ボヴァリー夫人』の習俗や風景のことしか、念頭になかったという証言がある。この小説の圏外には、存在するものは一つもない、と彼には見えたのだ。想像力を行使するとは、みずからを拘束することであり、何ものかを排除することだ。度を越した拒否の能力がなくては、計画はなく、作品はなく、なんであれ実現すべき手だてはない。

大なり小なり勝利の貌《かお》をしたものは、私には際立った不面目と映るゆえに、私は時と場所とを問わず、敗北を選ぶという決意を抱かずには、闘いの場に臨もうとしない。個々の人間が大事と映るような段階を、私はとうに越えてしまった。既知の世界では、もはや闘うべきなんらの理由も見出せない。

＊

哲学を講ずる場は、都市の広場か、庭園のなかか、あるいは自宅でしかありえない。教壇は哲学の墓場であり、あらゆる生きた思想の死である。教壇は精神の服喪だ。

＊

私にはまだ欲望を抱くだけの力があるが、これは私が実在について正確な知覚を得ていない証拠であり、私がなお譫言《うわごと》を発する者、〈真〉から千里の径庭にある者だという証《あか》しである。『ダンマ＝パダ』の説くところを聞こう。「事象をあるがままに見ていないときに限って、人は欲望の虜《とりこ》になる」

＊

私は憤怒に慄《ふる》えていた。私の名誉は危機に瀕しているのだ。――何時間かが経ち、夜明けが近づいた。つまらぬことで私は一晩を棒に振ろうというのか？　事件を小さく見積もろうと努めてみるが、徒労に終わる。気持ちを鎮めようと案出した理屈は、どれもまったく効果をあげない。なんと奴らはあんなことをこの俺にしたんだ！　私は危うく窓をあけて、狂人のように哮《たけ》り立つところだった。そのとき私の心を、わが遊星が独楽《こま》のように回転する光景が占めた。たちまち、私の憤怒は醒めた。

＊

死は、まったく役に立たぬというものでもない。生誕以前にあった、ただひとつ空間の名に値する空間を、私たちに取り戻すことができるとすれば、おそらくそれは、何はともあれ、死のおかげなのである。

＊

かつて人びとは、一日を開始する前にまず祈った。救いを求める声をあげた。なんと道理に適《かな》っていたことだろう！　私たちはもう誰に訴えを向けてよいのやら分からず、ついにはどんな神でもいい、お頭《つむ》のいかれた神の前にでも平伏しかねないありさまだ。

＊

身体を持っているという、鋭い意識、それこそが健康の欠如である。

……してみると私は、かつて丈夫だったことがないらしい。

＊

一切は虚妄である。私はそれを絶えず心に刻んできた。だがこの確信は、私にいかなる慰めをも恵んではくれなかった。それが暴力のように心を領している瞬間を除いては……

＊

幻視の域にまで、神秘的体験の域にまで高められた、無常の知覚。

＊

逆境につぐ逆境を堪えてのける唯一の方策は、逆境という観念そのものを愛することだ。もしそれができれば、もはや不意打ちを食らうこともない。私たちは生起するすべての事象よりも優位に立ち、無敵の被害者となる。

＊

激烈な痛みの感覚に包まれると、微弱な痛みの場合とは比較にならぬほど、人は自己を凝視するに至る。人格は二個に分裂して、人は自己外の者となる。呻き、唸っている最中でもだ。すべて刑苦に類似するものは、各人のなかに心理学者を、穿鑿《せんさく》好《ず》きを、実験者を呼びさます。堪えがたいもののなかへ、人間がどこまで深く入ってゆけるか、人はそれを究めたがるのである。

＊

病気に比べれば、不正などがなんだろう。病んでいること自体を、不正と見なすことはできる。それは確かだ。考えてみれば各人が、事の是非を知ろうともせずに、そんな風に行動している。

＊

病気はある。病気ほどの実在性を持つものは他にあるまい。もし病気を不正と観ずるのなら、あえて存在そのものを不正と見なければならず、最終的には存在することの不正について語らなければなるまい。

＊

創造は、出来あがったままの状態では、大して値踏みのできそうなものではなかった。荒っぽく修繕されたあとでは、もっと駄目になった。なぜ元のままに、最初の不細工のままに放っておかなかったのだろう！

来《きた》るべき救世主、真のメシアが、なかなか姿を現さないのも無理はない。救世主を待ち受けている任務はなまやさしいものではないのだ。最善を求める悪癖から人類を救ってやるには、いったいどう振る舞えばいいというのだ？

＊

自分と馴れあうのも度が過ぎている。私は腹を立て、自己嫌悪を開始する。だがやがて、事態がいっそう悪くなったのに気づくのである。おのれを憎むとは、自己との絆をさらに強化することでしかない。

＊

別に半畳も入れずに、さまざまな人間の功罪をまくしたてさせておく。この男、いずれは私を断罪する気だろうと待ちかまえながら。……個々の人間に対する彼の理解力の欠如たるや、まさに当惑をそそるばかりだ。狡猾なくせに天真無垢でもあるこの男は、人間たちをあたかも一個の本質、一個の範疇《はんちゅう》ででもあるかのようにして裁いてしまう。時間は彼にさして深傷《ふかで》を負わせていない。そのために彼は、私という人間が、彼の擁護するもの一切の埒外《らちがい》にいるのが我慢できない。彼の賞揚するものが、どれひとつとしてこの私の気を惹かないということを許容できない。

歳月の行進から外《はず》れている者と交わす会話は、なんの目標もないものになってしまう。私としては、わが愛する人びとにむかって、どうか私に、老いるという恩寵を賜わるよう求めたいところだ。

＊

何を前にしても感じるあの舞台負けの気持ち、怖《お》じ気《け》。充溢を前にしても、空無を前にしても同じことだ。生まれながらの怖じ気……

＊

神はある。ないときでさえも。

＊

Dは〈悪〉をわが身に同化することができない男だ。悪の存在を認めはするのだが、おのが思想に悪を合体させるすべを知らない。たとえ彼が地獄から匍《は》いずり出てきたとしても、人びとにはそれと分からないだろう。それほど彼は、話しぶりから見るかぎり、彼を害し、損なうものの上位に立っている。

彼の堪えてきたかずかずの苦難の、その痕跡の切れっぱしさえ、彼の思想に嗅ぎわけるのは困難だ。ときには彼も、傷ついた人間らしい反射作用を示すことがある。ただし反射作用だけだ。負《ふ》の記号を持つものに心を閉ざしているから、私たちの所有物はすべて、非存在の資本に属するということが理解できない。しかもなお、彼の言動には、少なからず悪魔の影が射している。それと気づかずに悪魔的なのだ。〈善〉に目つぶしを食らわされ、消毒されてしまった破壊者とでもいうべきか。

＊

失墜の進み具合を測る好奇心、これこそ、馬齢を重ねるためのただひとつの申し開きだ。もうこれで限界に達したはずだ、地平線はここで塞がったはずだと思いこんで、私たちは嘆き悲しみ、落胆に身をゆだねてしまう。ところが私たちは間もなく、もっと低いところまで墜《お》ちられそうだ、まだまだ未知の分野がありそうだ、希望はことごとく失われたわけではない、もう少し深くまで沈下することができる、とすれば凝固、硬化の危険からは遠ざかっていられるようだと気づくのである……

「生は、気の狂《ふ》れた者にしか、善きものとは見えない」――いまから二十三世紀前に、キレーネ学派の哲学者ヘゲシアスは好んでそう説いた。ヘゲシアスのもので残っているのは、ほぼこの言葉に尽きる。……ぜひ復元したいと思う作品があるとすれば、ヘゲシアスのなどは筆頭にくるであろう。

＊

この世にあるうちから、人びとに忘れ去られるという幸運に恵まれなければ、誰にも賢者の地位に迫ることはできない。

＊

考えるとは、掘り崩すこと、みずからの足元を掘り崩すことだ。行動はそれほどの危険を伴わない。なぜなら、行動は事物と私たちの間隙《かんげき》を満たしてくれるからだ。内省はその溝を致命的なところまで押しひろげる。

……夢中になって軀を動かし、手仕事をしているかぎり、私は幸福で、充実している。動作をやめたとたん、私は悪質な目眩《めまい》に襲われ、永遠に出奔することしか考えなくなる。

*

自己の一番低い地点で、どん底に手を触れ、深淵に触《さわ》ると、突然――防御の反射作用か、笑止きわまる慢心かは知らず――神よりも優位にあるという意識に囚われ、私たちは逆上する。生にけりをつけたくなる誘惑の、壮大な、そして不倫な側面だ。

*

狼の生態をめぐるラジオ放送を聞く。咆哮《ほうこう》の実況入りだ。なんという素敵な言語だろう！　こんなにも胸を引き裂くものが他にあろうか。私はこの声を忘れることができない。いつの日か、あまりにも深い孤独に陥るようなことがあったら、私はこの声をまざまざと思い起こしさえすればよい。一個の共同体に自分が属していることを、すぐにも私は自覚できるであろう。

*

敗北が誰の目にも明らかになったとき、ヒトラーはもはや勝利のことしか語らなかった。彼は勝利を信じていた。少なくとも信じているかのようにして振る舞っていた。最後の最後まで、楽観のなかに、信念のなかに閉じこもった。身のまわりでは一切が崩れ落ち、彼の希望が蹂躙《じゅうりん》されぬ日は一日としてなかった。だが、ヒトラーは断固として不可能への当て込みをやめず、不治の病人のみが知る盲目的信念に身を鎧《よろ》いつつ、果てまで行くだけの力を、戦慄につぐ戦慄を案出する力を、おのが狂気の向こうがわまで、宿命の向こうがわまで貫き通す力を絶やさなかった。かくて、この一切を駄目にした人間について、この男は誰よりも首尾よく、おのが意図を実現したと言ってやっていいのである。

＊

「わが死後に大洪水あれ」[*25]とは、人それぞれの秘かなモットーである。他人が自分の死後まで生きつづけるのを、私たちが容認するのは、彼らに相応の罰《ばち》があたるだろうという希望があればこそだ。

＊

アフリカでゴリラの生態を観察してきたある動物学者は、ゴリラの生活の単調さと、そのはなはだしい無為に驚いていた。幾時間でも、なんにもせずにいるというのだ。……するとゴリラというのは退屈を知らないのか？

こんな疑問は、まさに人間の、つまり多忙な猿のものである。単調さを避けるどころではない、動物たちは単調さを追い求めるのだ。彼らが一番怖れるのは、単調さが破られる瞬間である。なぜなら、単調さが終わるのは、かわりに恐怖が君臨することしか意味せず、恐怖こそ多忙の母ともいうべきものだからだ。

無活動は神聖の域にある。だが人間はこの無活動に対して叛旗をひるがえした。自然のなかで人間だけが、単調さに堪えるすべを知らない。人間だけが、いかなる代償を払っても、なんでもかまわぬ、何ごとかが起こることを望んでいる。この点で人間は、先祖たちから見れば不肖の子なのだ。新奇さを求めてやまないのは、道を誤ったゴリラの仕業である。

＊

私たちは段々と〈呼吸もできぬ時〉へと近づきつつある。そこまで到達してしまえば、それこそが〈真昼〉であるだろうに、残念ながら、私たちはまだその前夜にしかいない。

＊

一国民は、愚かしいのが建前のさまざまな因襲を受け入れ、かずかずの偏見を偏見と思わずに導きの星と仰ぐようなら、その期間だけ覇を称え、称えつづけることができる。偏見を名ざしで偏見と呼ぶ瞬間から、一切が仮面を剥がれ、すべてが危険に晒《さら》される。

支配しよう、一個の役割を果たそう、主導権を握ろうと希うのなら、多量の愚鈍さを身につけねばならない。歴史は、その本質において愚鈍なのだ。……歴史は持続し、前進している。それというのも、諸国民がおのれの偏見を交代で清算しているからである。もし諸国民がいちどきに偏見を棄ててしまったら、全世界にわたる、すばらしい分裂と崩壊しか残らないことであろう。

＊

人は動機なしに生きることができない。ところで私は動機を持っていない。そして生きている。

＊

私は申し分のない健康状態にあり、かつてないほど体調はよかった。突然、一筋の寒気《さむけ》が私を襲った。この寒気には治療法がない。それはもう明白なことに思われた。何ごとがこの身に起きたのか？　ただし、この種の感覚が私に襲いかかったのは、それが初めてというわけではない。以前はその正体が何なのか知ろうともせずに、寒気を堪《こら》えただけのことである。今度という今度は、正体を知りたいと思った。しかも即刻にである。仮定は一つまた一つと斥けられた。病気は問題にならなかった。手がかりにすべき徴候の影すらもないのだ。どうしたらい い？　私は完全な混乱に陥り、解釈の模造品さえ見出しかねた。そのとき、ある着想が閃いた。そして結局は心底から安堵することになったのだが――私を襲った寒気は、あの大きな、最後の寒気の一変種でしかないという着想である。単にその最後のやつが、ちょっとばかり練習を、下稽古をやってみせたにすぎないのだ……

＊

楽園では事物も人間も、全方向からの光に包まれており、影というものを曳くことがない。これを、彼らには実在性がないと言いかえてもよい。闇に侵蝕されず、死にまで見捨てられた一切のものと同様に。

＊

私たちの最初の直観こそがつねに真実なのだ。若年のころ、山と背負いこんだ問題をめぐって考えつめたことが、いまの私にはますます正しいものに思われ、さんざん道に迷い、回り道を辿ったすえに、私はそこへ戻りつつある。私という人間の生が、若き日の明証の廃墟の上に建立されたことを、深く悲しみながら。

＊

かつて歩きまわった土地のことを私が思い出せるとすれば、幸いにもその土地で、憂鬱症による自失状態を体験している場合にかぎる。

＊

市《いち》に出かけた。顔中を口にしてまくしたて、わが身を酷使している香具師《やし》を見ながら、私が内心に呟いたことはこうだ。――この男はおのれの義務を遂行している。だが私は、自分の義務を巧妙に避けている……

＊

自己を表明すること、働くこと、どんな分野においてもそれは、程度の差はあれ偽装した狂信者の仕業である。なんらかの使命を授けられていると自負しなければ、存在することは困難であり、行動することは不可能だ。

＊

救済などはないという確信は、救済の一形態であり、救済そのものでさえある。そこから出発して、みずからの生を設計することもできようし、一個の歴史哲学を構築することもできるだろう。解決策としての、唯一の脱出口としての、解決不可能なもの……

＊

私の病弱は、私の生を駄目にしたけれども、私が生きており、生きていると思いこんでいられるのは、その病弱のおかげである。

＊

ひとりの人間が私の興味を惹くのは、その人がおのれを信じられなくなったとき以降でしかない。ひたすら上昇しつつあったとき、彼にふさわしかったのは無関心のみである。下降段階に入ったいま、彼はある新しい感情を、ある特殊な共感を、すなわち、和らげられた嫌悪感を掻きたてるのである。

＊

あれほど多くの迷信を棄て、絆を断ち切ってきたのに、少しも自由だという確信が持てない。一切から離脱しえたとはとても考えられない。放棄の奇癖は、他の情念の死後まで生きつづけ、一向に私を見捨てる気配がない。相変わらず私を疲弊させ、どこまでも放棄しつづけることを要求する。だが、何を断念しろというのだ？　投げ棄てるべき何が、この私に残っているというのだ？　まったく不審に堪えない。私の役割は終わり、私の生涯は決着を見た。しかもなお私の生になんの変化もなく、いつも私は同じ地点におり、なお一層、いつまでも放棄しつづけなければならない。

XII

〈了解〉しながら、なお生に止《とど》まることほど、欺瞞的な態度はない。

＊

人間各自に与えられた時間の分け前を冷静に検討してみると、まったく同等の形で、充分だとも見えるし、まるで少なすぎるとも見える。一日から一世紀にまでわたるとしてもである。「わたしは寿命を終えた」——この言葉ほど、誕生の最初の一瞬を含めて、生のどのような瞬間も時宜を得て発せられるものは、他に類例があるまい。

＊

死は、失敗の好みを持ち、天分を持つような人間の庇護者である。成功を収めなかった者、成功への執念を燃やさなかったすべての者にとっては、一個の褒賞である。……死はその種の人間のほうに理ありとする。死は彼らの勝利なのだ。逆に死は、成功のために骨身を削り、ついに成功を収めた人間たちにとって、なんという残酷な否認、なんという痛烈な平手打ちであることか！

＊

あるエジプトの修道僧は、十五年にわたる完全な孤独生活ののち、親族、友人からの一抱えもある手紙を受け取った。彼はその手紙を、開封せぬままますべて火に投じた。追憶の襲撃から逃れるためであった。過去の亡霊どもを思うさま跳梁《ちょうりょう》させておいたのでは、人は自己と、またおのれの思想と、合一しつづけることはできない。沙漠とは、新しき生よりもむしろ過去の死を、人がついにみずからの歴史から脱出したことを意味するのである。隠遁の地でも俗世でも、人間がやりとりするこの手紙というものは、私たちが鉄鎖につながれた存在であり、絆を断ち切るどころか、縛られた奴隷でしかなく、しかもそれが当然の報いであることを証している。

＊

もう少しの辛抱で、可能なものがすべて払拭され、人類がいよいよ窮地に追いつめられて、どの方向へも、ただの一歩も踏み出せなくなる時がくる。

たとえ私たちが、このまったく前例のない光景の大略を、いまから想い描くことができるとしても、なお私たちは詳報を求めてやまないだろう。……そしてもしかするとその祝典に間に合わないのではないか、祝典参加のチャンスに与《あずか》るほど若くないのではないか、と怖れるのである。

＊

乾物屋の口から出るにせよ、哲学者の唇から発せられるにせよ、存在という言葉はまことに豊饒で、心をそそる趣があり、一見して意味深長と思われもしようが、実はまったくなんにも意味してはいない。分別ある人間が、いかなる事情があるにしても、こんな言葉を用いるなどとは信じがたいことだ。

＊

深夜、立ち上がって自室をぐるぐる歩きまわった。自分がひとりの選ばれた者であり、かつ極悪人でもあると確信しつつ。これは二重の特権であって、不眠の夜を過ごす人間には当然のものと映るが、昼の論理に囚われた者たちには、なんとも不快な、理解を絶したことであろう。

＊

不幸な幼年時代を送ることは、万人に許されているわけではない。私の幼年時代はといえば、幸福という以上のものであった。それは王冠を戴いていた。さまざまな恐怖や苦痛をも含めて、私の幼年時代にみなぎっていたあの祝勝の気分を示すのに、これに優る形容を私は思いつかない。こんな事態には代償が要った。とても罰せられずにはすまなかったのだ。

私がこれほどまでドストエフスキーの書簡集を好むのは、病気と金のことしか問題にされていないからである。この二つだけが〈熱烈な〉主題であって、その余はすべてぴらぴらのお飾りであり、雑物の山でしかない。

＊

五十万年もたてば英国は完全に水没してしまうらしい。もし私が英国人だったら、私は一切を放擲《ほうてき》し、戦闘を中止するだろう。

各人が、自分なりの時間の単位というものを持っている。ある人間にすれば一日であり、また一週間であり、一月であり、一年である。別人にとっては十年であり、百年でさえあるだろう。……こうした単位はまだ人間の尺度のうちにあり、いかなる計画、いかなる仕事とも両立することができる。

ところが、世には時間それ自体を単位とする者がいて、ときには時間の上にまで登っていってしまう。こうした人間たちにしてみれば、いったいどんな仕事、どんな計画に、本気に受け取るだけの値打ちがあるというのだろう。あまりにも遠方を見つめすぎる者、すべての未来の同時代者であるような人間は、もはや忙《せわ》しく立ち働くことなどできないし、身じろぎすることさえできはしない……

＊

無常の意識は私のたえざる同伴者だ。時と場合を選ぼうとしない。けさ、一通の手紙を投函しながら、私の考えたことはこうだ。この手紙はひとりの死すべきものに宛てられている……

＊

事柄はなんでもよい、何か唯一絶対というような経験をすると、諸君は諸君みずからの眼に、生き残りの人間という風に映るであろう。

＊

私は今日までずっと、生きることの不可能性という意識を抱いて生きてきた。その私がともあれ生を我慢してこられたのは、いかにして私がとある一分から他の一分へ、とある一日から他の一日へ、とある一年から他の一年へと移ってゆくか、それを見とどけようとする好奇心のおかげである。

聖者となるための第一条件は、うるさがたを愛すること、訪問を我慢することである。

＊

人間たちを揺すぶって眠りから引きずり出す。しかもそれが、犯罪行為だと知っての上のこと、眠りこけるままに、そっとしておいた方が千倍もましだと承知の上のことなのである。というのも、結局のところ人間たちが目をさましても、別にこれといって提議することがあるわけではないのだから……

＊

ポール＝ロワイヤル修道院。この緑また緑のただなかで、愚にもつかぬことをきっかけに、あれほどの闘争が、あれだけの内紛があったとは！　一切の信仰は、ある程度時間が経ってみると、なんの根拠もない、訳の分からぬしろものと見える。ただし、その信仰を滅ぼした対立する信仰のほうも同様だ。残るのはただ、双方が惹き起こした自失状態だけである。

＊

時間の匂いを立てる哀れなやつ、時間の生け贄、時間を食いすぎて腹も裂けんばかり、時間以外の何ものをも体験できず、各瞬間ごとに時間そのものであるような男——そういう人間は形而上学者や詩人が、何か重大な挫折か、さもなければ奇跡の助けを得てはじめて看破することを、立派に心得ている。

＊

何ものにも到達しない、この内面のごうごうという轟《とどろ》き。これではどう見ても、グロテスクな火山といったていたらくだ。

＊

憤怒の発作に襲われるたびに、私はまずみずからを責め、また侮蔑するけれども、つぎの瞬間、こんな風に呟くのだ。なんたる幸運、なんたる結構な拾いものか！　私はまだ生の側にいる。相変わらず、肉と骨から出来あがった亡霊どもの一族でいる……

＊

たったいましがた受け取った電報は、読むうちに果てしがない。私の自惚れが、無能ぶりが、残るくまなくそこに列挙されてある。私自身がかろうじて気づいた程度の悪癖が、ちゃんと指摘され、公表されている。なんという千里眼、なんという細かな眼の配りようだろう！　そのいつ終わるとも知れぬ告発状のどこを見ても、発信人を特定できる手がかりはない。いったい何者なのだ？　第一、こんな電報などと、息せき切った、突飛な手段に出たのはなぜなのだ？　かつて人間が他人に対して、これほど不機嫌をあらわにしながら、峻烈な直言をぶちまけた例《ため》しがあろうか。名を名乗ろうとしないこの全知の法官、私の秘事をすべて知りぬいたこの卑劣漢は誰なのだ？　どんなに酷薄な拷問係でも、時には多少の情状酌量ぐらいしようというのに、まったく酌量の余地なしと突っぱねるこの宗教裁判官は、そもそもどこから湧き出てきたのだ？　この私だって道に迷うこともあって当然だ、いくらかは寛容を求める権利があろうというものである。おのが欠点のバランス・シートを前にして私はたじろぎ、怒りに息をつまらせ、身もふたもない真実の行列に我慢がならなくなる。……呪わしい電報め！　私は電報をきれぎれに裂き、そこで目が覚めた……

＊

誰しも意見を持つことは避けがたい。それはごく普通のことだ。だが、確信を持つとなると、もう普通とはいえなくなってくる。確信を持った人間に出会うたびに、この男の精神のどんな悪癖が、どんな亀裂が、この男に確信などを手に入れさせたのだろう、と考える。この問いはむろん正当なものだが、いつもそんな自問自答を繰り返す私の習癖は、会話の楽しみというものを台なしにしてしまう。結局私は疚《やま》しい心を抱いて、わが眼にさえ醜悪な人間とおのれを観ずる羽目になる。

＊

書くということが、ひどく重大なことに思われた時期がある。私の数ある迷信のうちでも、これなどは一番危険な、一番不可解なものといってよい。

＊

嫌悪という言葉を私は使いすぎたようだ。だが、激昂が絶えず倦怠によって修正され、倦怠が逆に激昂によって修正されるような状態を指すのに、ほかのどんな語を選べばよいというのだ？

＊

その晩ずっと私たちは、彼という人間を定義してみようとした。彼のことをあげつらいながら、不実という言葉を発しなくてすむような、婉曲な語法を総動員してみた。彼は不実ではない。単に、悪賢いのである。悪魔的にまで悪賢いのだ。しかも同時に、無邪気で、素朴で、天使風ですらある。できれば、アリョーシャとスメルジャコフをつきまぜたような存在を思い描いていただきたいものだ。

＊

もはやおのれ自身に信を置けなくなったとき、人は生産し闘争することをやめる。自問自答することさえ廃してしまう。本当はその反対のことが起こらねばならないのだ。さまざまな愛着の絆を断ち切ったこの瞬間を起点として、はじめて人は真なるものを摑み取り、実在的なものとそうでないものとを峻別する能力を得るのだから。だが、ひとたび、自己の役割あるいは宿命を信ずる心が涸《か》れてしまうと、人は一切に対して好奇心を失い、〈真実〉に対してさえも、かつてないほどその真実の間近にいながら、無頓着になってしまうものだ。

＊

楽園では、私は〈一季節〉[*26]どころか、一日だって身が持たないだろう。それならば、楽園に焦がれる私のこの郷愁を、どう説明したらいいのだろう。説明もできぬままに郷愁ははるかな昔から私のなかに棲《す》み、私以前から私のなかにあった。

＊

どんな人間でも、時たまのことならば、自分がただの一点しか、ただの一瞬しか占めていないという意識を持つことができるだろう。しかしそういう意識を、夜も昼も、四六時中持つというのは、あまり類例がないはずである。この体験、この与件を起点として、人はあの涅槃《ねはん》のほうへ、あるいは冷笑のほうへ、またあるいはいちどきにその両者のほうへと向かって歩むのである。

＊

あの神聖な〈簡明〉という掟を、決して犯すまいと誓った私だが、相変わらず私は言葉の共犯者のままでいる。たとえ沈黙に魅惑されることがあったとしても、私は決して沈黙のなかにまでは立ち入らない。周辺をさまよい歩くだけである。

＊

ある宗教の持つ真理の度合いは、その宗教が悪魔をどんな風に評価しているかによって測られるべきである。悪魔に卓越した地位を与えていればいるほど、その宗教は、実在のものに心を配り、欺瞞と嘘を峻拒する真摯な宗教だと知れようし、たわごとや慰めごとを並べたてるよりも、事象を確認するほうを採る宗教だと証《あか》されもするのだ。

＊

何ものも、解体されるに値しない。おそらく、何ものも造られるに値しないからである。そんな風にして人は一切の事象から、初源と同じく終末から、出現と同じく崩壊からも離脱することになる。

＊

すべては言いつくされ、もはや何ひとつ言うべきことはない。この事実を人びとは知っているし、実感してもいる。しかし、ここに人びとがそれほど強く感じ取っていない一事がある。すなわち、すべてが言いつくされたせいで、言語がある奇妙な、不気味ともいえるような新規約を獲得したこと、そしてこの規約が言語の罪を償うものだということである。個々の語は、ついに救済を得た。なぜなら、語は生きることをやめたからである。

＊

死者たちの境遇をめぐる果てしない考察から、私が引き出した巨大な利益と巨大な損失。

＊

年老いることには、否みがたい利点がある。身体の諸器官の、緩慢な、秩序だった機能退化を、ちかぢかと眺められるという利点である。器官はいっせいに軋《きし》り音《ね》を立てはじめる。あるものは派手に、あるものは秘やかに。器官は身体から剝離してゆく。同時に身体が私たちから剝離してゆく。身体は私たちから脱け落ち、逃走し、もはや私たちに帰属しようとしない。この変節漢を私たちは告発することもできないのだ、なぜなら、こやつはどこにも立ち止まらず、誰の臣下にもなろうとはしないのだから。

＊

隠者たちに関わる書物なら、読んで読み飽きるということがない。同じ隠者でも、なるべくならば「神を求めることに倦み疲れた」とされる者たちのほうがよい。〈沙漠〉の落伍者たちに私は眩惑されている。

＊

そんなことがあるはずもないけれども、もしランボーが文学を続けていたとしたら（前代未聞のものの後日譚とか、『この人を見よ』のあとで、大車輪で著述をするニーチェとかを仮定するにひとしかろう）、ランボーは結局は後ずさりし、賢くなり、自分の若き日の感情爆発を注釈し、解説するようになったろう。本当の気持ちを説明するという挙にさえ出たであろう。どの場合も瀆神行為とするほかはない。自意識過剰は神を汚《けが》す一形式でしかないのだ。

＊

私はただひとつの思想を深めてきただけだ。すなわち、人間の達成するものは一つの例外もなく、かならず人間に叛《そむ》くことになる、という思想である。思想として別に新奇なものではない。だが私はこの思想を、確信犯なみの激越さと、どんな狂信もどんな錯乱も、かつて塁を摩したことのない執拗さとをもって生きぬいてきたのだ。この思想のためなら、いかなる殉教にも、いかなる屈辱にも応じる用意がある。ほかのどんな真理、ほかのいかなる啓示とも、この思想を取り替えるつもりはない。

＊

ブッダよりもさらに先まで行くこと、涅槃の上にまで翔けあがること、涅槃などは無用のものとするすべを学ぶこと……もはや何ものにも、解放の観念にも心を動かされないこと、そんな観念はただの小休止、一種の拘束、また、天体における蝕《しょく》のごときものだと観ずること……

＊

死を宣告された王朝とか、崩れゆく帝国とか、要するにあらゆる時代のモンテスマ王たち[*27]に対する私の偏愛。予兆を信ずる者、引き裂かれ、追いつめられる者、不可抗力を溺愛する者、脅かされ、責め苛まれる者、死刑執行人を待ち望む者らへの偏愛……

＊

某批評家の墓がある。苦い胆汁のつまった彼の文章を、私は何度でも咀嚼《そしゃく》しなおしたものだった。その前を黙って通り過ぎる。まして、生前、おのれの究極の崩壊ばかりを考えつづけた詩人の墓の前は素通りである。別の名がいくつも私に付きまとっている。すべて、無慈悲なままに心を鎮めてくれる教えとつながった名だ。精神からすべての妄執を、死にかかわる妄執さえも叩き出すべき、遠大な幻視に結びつく名前だ。ナーガールジュナ、チャンドラキールティ、シャーンティデーヴァ――すべて比類のない一刀両断の達人、救済の固定観念に苛まれた弁証家、〈空《くう》〉の軽業師にして伝道師……賢者のなかの賢者たるこの人たちにとって、宇宙などはひとつの言葉でしかなかった。

＊

あわただしく散ってゆく枯れ葉の群れ――この光景を私は久しく秋ごとに眺めつづけてきたのに、眺めるたび、いまでも驚愕のごときものを抑えかねる。もし最後の瞬間に、突然、どこから発生するのか見当もつかぬ喜悦が介入してこなければ、〈背筋を走る悪寒〉がこの驚きの首座を占めてしまうであろう。

＊

私たちがどれほど遠く信仰から離れ去っていようとも、話し相手として神しか想定できぬ瞬間というのはあるものだ。そのとき、神以外の誰かに向かって話しかけるのは、不可能とも狂気の沙汰とも思われる。孤独は、その極限にまで達すると、ある種の会話形式を、それ自体極限的な対話の形式を求めるのである。

＊

人間は独特の匂いを立てる。あらゆる動物のなかで死骸の匂いがするのは人間だけだ。

＊

時間は少しも流れようとしない。夜明けは遠く、とても来てくれそうもないように思われる。本当のところ、私が待ち望んでいるのは夜明けではなくて、前へ進もうとしないこの拗《す》ねた馬のような時間を忘れることだった。執行の前日、少なくとも、良き一晩を送れると確信している死刑囚は幸福だ、とそのとき私は呟いていたようだ。

＊

まだ立っていられるだろうか。それともどっと崩れ落ちるのか。

興味ある感覚というのが考えられるとすれば、それはまさに癲癇の前味が恵んでくれるものであろう。

＊

長生きをしすぎた人間は、自分でははっきりそれと認めずに、時にはそれと知らずに、おのれを蔑んでいるものだ。

＊

反逆にふさわしい年齢を越えていながら、なお怒り哮《たけ》る人間は、本人の眼から見てさえ、大小ともに垂れ流しの反逆天使という風に映る。

＊

もし生の烙印を深く捺《お》されていなかったら、こっそり姿をくらますのはなんと易々たることだろう。そして、いかに万事がひとりでにうまく運ばれてゆくことだろう！

＊

その場では、私は誰よりも心寛《ひろ》く人を許すたちである。復讐欲はずっとあとから、遅すぎるほどあとになってやってくる。そのとき、侮辱の記憶さえすでにおぼろに消えかかり、仕返しの行為を煽る声はほとんど聞き取れず、もはや自分の〈優しい心〉を嘆くことぐらいしか、私には方策がない。

＊

一秒一秒死と掛かりあう、そのかぎりでしか人間には、あらゆる存在がどれほど狂気じみたものの上に建っているかを、垣間みる機会はない。

＊

最後の土壇場ともなれば、私たちが相当な人物であろうがなかろうが、よしんば神でさえあろうがなかろうが、まったくどちらでもいいことだ。このことなら、少々しつこく説きつづければ、ほぼ万人に納得させることができる。だが、それならば、人間が誰もかれも例外なく存在の増量を渇望し、申し分のない無資産状態まで下降しようという者など、ひとりとして見当たらないのはどうしたわけなのだ？

＊

ある種の未開人たちのあいだに、広く行われている信仰によると、死者たちは生者と同じ言葉を喋るけれども、違う点をいえば、その言葉はすべて、かつて用いていた時とは正反対の意味を帯びているのだという。たとえば、大きいは小さいを意味し、近いは遠いを、白いは黒いを意味する……

死ぬとは、してみるとこの程度のことに帰着するのであろうか？　だがそれにしても、言葉が完全に裏返しになるというのは、どんな陰気な作り話よりもずっと見事に、死の持つ常ならぬものを、肝をひしぐようなものを示してはいないか。

＊

人類の未来を信ずる。私とてそれを望まぬわけではない。しかし、残念なことに、人間の持つべき能力をことごとく備えていながら、どうしてそんなことができるだろう。人間の能力の大部分が壊滅しなければ、とてもそんなことはできやしない。いや、もっと、それ以上のことがなければ！

＊

ひそかに宿命の烙印が捺されていないような思想は、代理可能であり、なんの価値もない。ひとつの思想でしかない……

＊

ニーチェは、狂気の発作がはじまったころ、トリーノで絶えず鏡の前へ走り寄って、おのれの姿に見入り、顔をそむけ、また見入りしたという。バーゼルへ運ばれる汽車のなかで、彼が執拗に求めつづけた唯一の品物が、やはり鏡であった。ニーチェは自分が誰なのか分からなくなり、自分を探したのである。おのが自己同一性の保全にあれほど執着し、自己を貪欲に求めつづけたニーチェが、その自己を見つけ出すのに、もっとも卑俗な、もっとも惨めな手段しか持たなかったのだ。

＊

私は、この私自身ほど不必要な、使いみちのない人間を知らぬ。これは私が、かけらほども自慢の種とはせずに、ただそれだけのこととして受容すべき一与件である。もしそうでなければ、自分の無用性の自覚は、私にとってなんの役にも立つまい。

＊

どんな類《たぐい》の悪夢を見るにせよ、悪夢のなかで人は一個の役割を演じ、その主役となる。つまり一角《ひとかど》の人物たりうるのである。落伍者が凱歌をあげるのは夜の時間帯でのことだ。もし悪夢を禁止してしまったら、革命につぐ革命という事態になるであろう。

*

未来への恐怖は、つねに、この恐怖を味わいたいという欲望の上に接ぎ木されている。

*

突然私は、ひとりで事件に直面していた。幼年時のとある日の午後、何か重大な事件がついいましがた起きた、と私は感じ取っていた。それが私の意識の最初の目覚め、最初の徴《しるし》だった。前知らせだった。そのときまでの私は一個の存在でしかなかったのだが、その午後のその一時《いっとき》以後、私は存在以上のものとなり、また以下のものともなった。各人の我は、心の亀裂から生まれ、意外な事実の露呈を起点として開始される。

*

生誕と鉄鎖とは同義語である。この世に出てくるとは、手錠をかけられることだ。

*

「一切は幻影にすぎない」と言いきるのは、幻影の前に香を焚くことであり、幻影に高度の、いや最高度の実在性を認めることである。本当は幻影の権威を破壊せねばならぬはずなのに。では、どうしたらいい。一番いいのは、幻影を声高に説いたり、告発したり、幻影について考えるという形で、幻影に隷従したりするのをやめることである。すべての観念を失格させる観念は、それ自体が桎梏《しっこく》なのだ。

*

日々、二十四時間を完全に眠りつづければ、人はたちまち、原初の沈滞を回復することができる。創世以前の、完璧な麻痺へと帰ることができる。――この麻痺こそが、おのれ自身に付きまとわれ、疲れ果てた意識の希う夢であろう。

*

出生しないということは、議論の余地なく、ありうべき最善の様式だ。不幸にしてそれは、誰の手にも届かぬところにある。

*

この私ほど現世を愛した者は他にあるまい。しかも誰かが、現世を盆に載せて私に差し出したとしたら、子供のころでさえ私は、「もう遅すぎる！　もう遅すぎる！」と叫んだことであろう。

*

しかし、一体、どうしたのかね、君は。どうしたというのかね。——何でもない。どこも、なんともないんだ。ただわたしは、自分の運命の外へ一跳びしてしまって、いまではもう、どっちを向いて歩いてゆけばいいのか、何にむかって駆け寄ればいいのか、まるで分からなくなっているだけのことだ。

訳注

＊1　古代ギリシアの北方、現在のブルガリア南部に住んだ民族。

＊2　一〇世紀のブルガリアに起こった二元論を奉ずるキリスト教の宗派。正教からは異端とされた。

＊3　『創世記』第三章。エデンの園の中央にある木の実、いわゆる禁断の木の実を食べるように、蛇がイヴをそそのかした言葉。

＊4　一八世紀フランスの人間性研究家。『格言集』で名高い。放縦な享楽家でもあったので、安ブランデーというシオランの言葉が出てきたのであろう。

＊5　フランスの政治家。一七九九年のナポレオンのクーデターを成功させた人物。

＊6　英国、ヨークシャーの村。ブロンテ家の所在地であった。

＊7　新プラトン主義の開祖と称される哲学者だが、高弟ポルフュリオスとの深い師弟愛でも名高い。

＊8　一三世紀スペインのユダヤ人神秘家が書いた、カバラ文学の重要な著作。徹底した二元論に拠っている。書名は「光輝の書」というほどの意味。

＊9　一九世紀アメリカの女流詩人。父の家から一歩も出ぬような隠栖《いんせい》の生涯を送り、詩作を熱烈な信仰の行為にひとしいものと考えた。

＊10　ロシア象徴主義の代表的な詩人（一九二一年没）。

＊11　プルタルコスの『英雄伝』によれば、ブルトゥスは麾下《きか》の全軍を小アジアからヨーロッパへ渡そうとしていたある晩、夜も更けてから、宿営のテントに誰かが入ってくる音を聞いたように思った。入口に眼をやると、並外れて大きな異形の者が、黙って立っている。「どなたですか。人間ですか、神で

すか。何の用があって来たのです」と問うと、「あなたの悪霊だ。フィリッピで会おう」と答えたという。悪霊は、シオランのいうとおり、フィリッピの戦いの前夜にもブルトゥスのところに現われている。この戦いでブルトゥスはアントニウスに敗れ、自殺した。

＊12　ヨーロッパ北部、ノルウェー、スウェーデン、フィンランド、ロシアにまたがる、ラップ人の住む地方。広漠として円い丘陵が連なる。

＊13　『マクベス』にある。ただし正確には「バーナムの森」である。王殺しのマクベスに、三人の魔女が、「バーナムの森がダンシネーンの丘にむかって動き出すまで、身は安泰だ」と予言する。マクダフ、マルカムらが、バーナムの森の木を切り、それを持って進軍し、マクベスを殺した。

＊14　ルイ一四世の愛妾マントノン夫人は、一七一五年の王の死後、サン・シールに引きこもって余生を送った。

＊15　ヘンリエッテもラーエルもともにユダヤ系の女性で、ロマン派時代のベルリンに有力なサロンを持っていた。前者のサロンはフンボルト兄弟やフィヒテなどを常連としていたし、後者はハイネの最初の詩集の出版に資金援助をしたりしている。また、当時のプロイセン皇太子、通称ルイ・フェルディナントは、フリードリヒ大王の甥で、武勇にすぐれ、音楽を愛し、奇矯の行いが多かった。

＊16　ギリシアの哲学者カルネアデスは、蓋然論の創始者とされ、神々の存在や至上善を論破するのに長じていた。

＊17　トロイアの別名。

＊18　ペルシア王。紀元前四八〇年、海陸からギリシアに攻めこんだ。

＊19　ギリシアの武将。サラミスの海戦でペルシア海軍に大勝し、一方、アテナイ民主政の進展にも功があった。

＊20　ヨハネは流刑地パトモス島で、主の日に大いなる幻を見、世界終末を予告する「黙示録」を書いたとされる。

＊21　一六世紀の神聖ローマ皇帝カール五世は、晩年、失意の果てに帝位を弟にゆずり、スペインのエストレマドゥラにあるサン・ユステ修道院に隠棲し、まもなく世を去った。

＊22　一四世紀ビザンティン帝国の禁欲的神秘主義思想。ギリシア語のヘシュキア（静寂）に由来する。ひとり、静寂の境地にあって、顎を胸にあて、臍《へそ》をみつめ、イエスの名を称えてその間呼吸を止めていれば、神の光を見ることができるとした。既出のグレゴリオス・パラマスなども、この派の修道士である。

＊23　『ルカ伝』第六章、二十六。『マタイ伝』第五章の、いわゆる〈山上の垂訓〉では、世の人にこぞって罵られ、迫害されたならば、幸いと思うがよい、となっており、『ルカ伝』のほうは逆の言いかたをしているわけである。

＊24　ジェラール・ド・ネルヴァルの自伝的作品『オーレリア』第二部第四章にこの言葉がある。「わが身を滅ぼす」とは、端的に「自殺する」の意味である。事実、ネルヴァルは、一八五五年一月二十六日の明け方、パリのヴィエイユ・ランテルヌ通りの一隅で縊死《いし》した。

＊25　一般に、「後は野となれ山となれ」と訳されるが、ここの場合は直訳を採るべきであろう。

＊26　ランボーの散文詩『地獄の一季節』をもじったものであろう。

＊27　一四世紀から一六世紀メキシコの、アステカ王国の諸王をさす。大量の人身供犠《じんしんくぎ》で名高いこの王朝は、スペインの征服者フェルナンド・コルテスに滅ぼされた。

訳者あとがき

同じ著者による『歴史とユートピア』（紀伊國屋書店）の拙訳が出たのが、一九六七年のことだから、翻訳者としてシオランとつきあうのはほぼ十年ぶりである。最近になってシオラン選集が刊行されはじめ、私のこの訳書を加えると、いずれ近いうちに、E・M・シオランの著作はほとんど日本語で読めるようになるだろう。隔世の感と書いても、それはそれで嘘にはなるまいが、私としては何よりも孤独なシオランのために、読者層の拡大をよろこびたいと思っている。

アフォリズムは、体系嫌いのシオランの得意の形式である。初期の『苦渋の三段論法』（及川馥訳、国文社、一九七六年）などは、この方面のシオランの才能を、痛切に、かつ痛烈に示したものだった。一九六九年刊行の『悪しき造物主』（金井裕訳、法政大学出版局、一九八四年。新装版が二〇一七年に刊行）も、なかば以上がアフォリズムで占められている。

ここに訳出した新著は、一九七三年に出たものだが、表題を直訳すれば『生まれたことの不都合について』とでもなろうか。生誕こそが、死にまさる真の災厄だという古代人的な思想を、断章の奔流のなかに一筋貫きとおしてみせたものである。私は、何はともあれ、シオランにじかに日本語で語らせる、という心づもりで翻訳の作業をした。どのページでもいい、気ままに本を開いて、胸にこたえる一行があったら、そこから読みはじめていただきたい。あまりにも内密な、なまなましい真実を耳元で告げられて、思わずあたりを見回すというようなことが、シオランの場合よく起こる。奇妙な本なのだ。くりかえし読むうち、読み手は、いつのまにかシオランと同じリズムで呼吸しはじめるにちがいない。パリ第六区、オデオン通り二十一番地、オデオン座を真向かいに見るアパルトマンの六階（日本式にいえば七階か）、それがシオランの住居であるらしいが、その小さな、天上的な部屋で、不眠の夜の底に大きく眼をみひらいて横たわるひとりの男と、同じリズムで呼吸しはじめるにちがいない。

この本を埋める断章は、反論する気になればいくらでも反論できそうな、無垢といってよいほど隙だらけな構えで書かれている。だが私たちは、シオランのかずかずの〈放言〉に、あれこれと根拠ある反論を加えたあとで、黙ってその反論を吸収してしまうシオランの無防備の完璧さに、心をゆさぶられるにちがいない。反論に成功した者のほうが、最後には、論破したはずの当の断章に一瞬にして呑みこまれてしまうのである。そこにこの『生誕の災厄』のような〈奇書〉の怖ろしさも、あえていえば楽しさもあるのではなかろうか。

これは痛覚で書かれた本、痛覚で読むべき本である。ひとつだけ、私自身の痛覚をみごとに刺激する文章を本文から引いておこう。

「死は、失敗の好みを持ち、天分を持つような人間の庇護者である。成功を収めなかった者、成功への執念を燃やさなかったすべての者にとっては、一個の褒賞である。……死はその種の人間のほうに理ありとする。死は彼らの勝利なのだ。逆に死は、成功のために骨身を削り、ついに成功を収めた人間たちにとって、なんという残酷な否認、なんという痛烈な平手打ちであることか！」

いまのところ、私は、この一文に対して返すべき言葉を持っていない。

*

訳出にあたっては、大勢の友人諸賢に知恵を貸していただいた。いちいちお名前をあげることはしないいが、いつもながらの御厚情に感謝の気持ちを記しておきたい。

こうした密度の高い書物を、この不安定な時代に世に出すことができたのは、紀伊國屋書店出版部の大度のおかげである。併せて感謝の意を表したい。また直接担当された古川弘典氏にお礼を申し上げる。なお、書物の性質上、訳注は最小限にとどめた。

出口裕弘

一九七六年二月

再版に際して

Ｅ・Ｍ・シオランという思想家を識り、『歴史とユートピア』を翻訳出版してから、十八年になる。この『生誕の災厄』を訳出してからもすでに九年が経っている。訳書『歴史とユートピア』は、その後ずっと良き読者を得てきたと信じているが、『生誕の災厄』も息が長く、深く静かに潜航しつつ、良き読者を獲得してきたと思う。それが今度、再版の機会を得た。訳者として、やはり甲斐というものを覚える。日本の文化的状況は、この十数年で地滑り的変貌をとげたとされているけれども、シオランのような人の著書が息長く読みつがれているのは、時代と社会のどこかに、強靱で弾性に富むものが持続している証拠だと、シオランのファンのひとりとして言わせてもらうことにする。

再版にあたり、全般にわたって訳文の不備を補うことができた。今回の仕事を熱心に進めて下さった水野寛、高橋英紀両氏に、厚くお礼を申しあげる。

訳者

一九八五年八月

本書は『生誕の災厄』（一九七六年二月初版発行）の新装版です。刊行にあたっては読みやすさを考慮し、漢字や送りがなの表記を改め、新たにルビを振りました。

本書には、特定の疾病・障碍・民族・職業・性別等に対し、今日の人権意識から見て不適切な表現が用いられている箇所があります。しかし、作品発表当時の時代背景や作品価値を鑑み、かつ著訳者が故人であることから、原則として再版時（一九八五年）のままとしております。

二〇二一年六月　紀伊國屋書店出版部

著者

E.M.シオラン (E. M. Cioran)

1911年、ルーマニア生まれ。ブカレスト大学文学部卒業。哲学教授資格を取得後、1937年パリに留学し、定住。『歴史とユートピア』により、コンバ賞を受賞。著書に『絶望のきわみで』『涙と聖者』『思想の黄昏』『告白と呪詛』(以上、紀伊國屋書店)、『欺瞞の書』『敗者の祈祷書』『悪しき造物主』『四つ裂きの刑』『オマージュの試み』『シオラン対談集』『カイエ1957-1972』『ルーマニアの変容』(以上、法政大学出版局)、『E・M・シオラン選集』(国文社)ほかがある。1995年逝去。

訳者

出口裕弘 (でぐちゆうこう)

1928年、東京生まれ。フランス文学者・小説家。1951年東京大学文学部フランス文学科卒業。元一橋大学教授。『坂口安吾—百歳の異端児』(新潮社)により、伊藤整文学賞、蓮如賞を受賞。著書に『ロートレアモンのパリ』(筑摩書房)、『澁澤龍彦の手紙』(朝日新聞出版)、『帝政パリと詩人たち』(河出書房新社)、『三島由紀夫—昭和の迷宮』(新潮社)、『太宰治—変身譚』(飛鳥新社)、訳書にユイスマンス『大伽藍』、バタイユ『内的体験』(以上、平凡社)、シオラン『告白と呪詛』『歴史とユートピア』(以上、紀伊國屋書店)ほかがある。2015年逝去。

生《せい》誕《たん》の災《さい》厄《やく》
新装版

2021年6月10日　第1刷発行
2024年9月30日　第5刷発行

著者　E.M.シオラン
訳者　出口裕弘
発行所　株式会社紀伊國屋書店
東京都新宿区新宿3-17-7
出版部（編集）電話03(6910)0508
ホールセール部（営業）電話03(6910)0519
郵便番号153-8504
東京都目黒区下目黒3-7-10

デザイン　水戸部 功＋北村陽香
校正協力　鷗来堂
本文組版　明昌堂
印刷・製本　シナノパブリッシングプレス

ISBN 978-4-314-01181-5 C0098
Printed in Japan
定価は外装に表示してあります